Annoncer Correctement la Parole de Vérité

*Apprendre à étudier et
à enseigner la Bible*

❧

Rob Dingman

Line Upon Line
2016 ❧ Londres

line
upon
line

Annoncer Correctement la Parole de Vérité
Titre original en langue anglaise:
Handling Accurately the Word of Truth

© 2016 Rob Dingman
Tous droits réservés
Publié par Line Upon Line
www.calvarychapeltwickenham.com

ISBN 978-0-9571329-2-4

Textes bibliques tirés de la version Segond 21.
Copyright © 2007 Société biblique de Genève
www.universdelabible.net

Mis en page par *Hand-Maid Design*, Londres.

La police utilisée est *Adobe Jensen Pro*, avec les titres de
chapitres en *Myriad Pro*.

Traduit par Antoine Petrignani et Pierre Petrignani

À ceux qui m'ont tant appris,
et à tous ceux de qui j'ai appris
en leur enseignant à étudier
et à enseigner la Bible.

Table des Matières

Introduction

Ce livre est un guide pour apprendre à étudier et à enseigner la Bible. C'est un point de départ. Un pasteur qui a utilisé ce livre avec quelques hommes de son église m'a dit que ça ne les avait pas intimidés. Je prends ça comme un compliment. J'espère que ce guide vous encouragera à apprendre à étudier et à enseigner la Bible.

À l'origine, j'ai écrit ce livre très rapidement pour une conférence de pasteurs en Ouganda. Je devais m'y rendre mais pour des raisons de santé, je n'ai pas pu y assister. J'ai donc fait imprimer quelques copies du livre qui sont vite parties. Quelques personnes l'ont lu et m'ont encouragé à le rendre disponible à nouveau. Merci à ces personnes qui m'ont encouragé.

Jésus nous a donné l'ordre de prier le Maître de la Moisson pour qu'il envoie des ouvriers dans sa moisson. Ce livre peut vous aider à vous préparer à être certains de ces ouvriers. Pasteurs, donnez ce livre aux hommes que vous voulez encourager à entrer dans le ministère.

Nous allons regarder le processus de préparation lié à l'enseignement. Ça commence par l'étude: comment observer le texte biblique, comment l'interpréter, et comment le mettre en pratique. Ensuite nous allons voir comment transformer le fruit de cette étude en une prédication. En dernier lieu, nous regarderons comment préparer sa propre vie pour enseigner.

Un enseignant de la Bible doit vivre ce qu'il enseigne. Nos vies confirment la vérité de la Bible ou la contredisent. Nous devons développer nos caractères autant que notre capacité à étudier et à enseigner.

Ce que je veux vous transmettre, je l'ai moi-même reçu de beaucoup de personnes. Si vous recevez ce livre, vous vous devez aussi de transmettre ces connaissances à d'autres. Soyez richement bénis en recevant les bienfaits de Dieu.

Rob Dingman
Pasteur
Calvary Chapel Twickenham
Londres, Angleterre

1. Faire comprendre le sens du texte

Ce chapitre est une introduction à une méthode d'enseignement qui fera que des personnes viennent à connaître Jésus-Christ et le message de la Bible. Cette méthode consiste à enseigner toute la Bible, en parcourant des livres complets de la Bible, chapitre par chapitre, verset par verset.

L'objectif est de faire comprendre ce que la Bible dit dans le passage étudié, de montrer quels principes ce passage veut nous apprendre, et ensuite, de rendre ces principes applicables de manière pratique dans nos vies de tous les jours.

C'est ce qu'on voit dans Néhémie, au chapitre 8. Nous allons enseigner de la même manière qu'Esdras et les autres Lévites qui nous montrent comment faire.

> 1 Alors tout le peuple s'est rassemblé comme un seul homme sur la place qui fait face à la porte des eaux. Ils ont demandé au scribe Esdras d'apporter le livre de la Loi de Moïse, prescrite par l'Éternel à Israël,
>
> 2 et Esdras, qui était aussi prêtre, a apporté la Loi devant l'assemblée. Celle-ci était composée d'hommes et de femmes, de tous ceux qui étaient aptes à la comprendre. C'était le premier jour du septième mois.
>
> 3 Esdras a lu dans le livre depuis le matin jusqu'à la mi-journée, sur la place qui fait face à la porte des eaux, en présence des hommes et des femmes, de ceux qui étaient

en âge de comprendre. Le peuple tout entier s'est montré attentif à la lecture du Livre de la Loi.

4 Le scribe Esdras se tenait debout sur une estrade en bois, fabriquée pour l'occasion. A côté de lui, à sa droite, se tenaient Matthithia, Shéma, Anaja, Urie, Hilkija et Maaséja, et à sa gauche Pedaja, Mishaël, Malkija, Hashum, Hashbaddana, Zacharie et Meshullam.

5 Esdras a ouvert le livre de façon visible pour le peuple dans son entier – puisqu'il était surélevé par rapport à lui – et lorsqu'il a fait ce geste, tout le peuple s'est mis debout.

6 Esdras a béni l'Éternel, le grand Dieu, et tous les membres du peuple ont répondu: « Amen! Amen! » en levant les mains, puis ils se sont prosternés et ont adoré l'Éternel, le visage contre terre.

7 Josué, Bani, Shérébia, Jamin, Akkub, Shabbethaï, Hodija, Maaséja, Kelitha, Azaria, Jozabad, Hanan et Pelaja, qui étaient lévites, expliquaient la Loi au peuple, et celui-ci est resté debout sur place.

8 Ils lisaient distinctement dans le livre de la Loi de Dieu et ils en donnaient le sens pour faire comprendre ce qu'ils avaient lu.

9 Le gouverneur Néhémie, le prêtre et scribe Esdras et les Lévites qui donnaient des explications ont dit à l'ensemble du peuple: « Ce jour est un jour saint pour l'Éternel, votre Dieu. Ne prenez pas le deuil et ne pleurez pas! » En effet, le peuple tout entier pleurait à l'écoute des paroles de la Loi.

10 Ils ont ajouté: « Allez manger un bon repas et boire des liqueurs douces, en envoyant des parts à ceux qui n'ont rien préparé, car ce jour est un jour saint pour notre

Seigneur. Ne soyez pas tristes, car c'est la joie de l'Éternel qui fait votre force. »

11 Les Lévites calmaient tout le peuple en disant: « Taisez-vous, car ce jour est saint. Ne soyez pas tristes! »

12 L'ensemble du peupe est donc allé manger et boire, envoyer des parts à d'autres et s'adonner à de grandes réjouissances. Ils avaient en effet compris les paroles qu'on leur avait exposées.

La Parole de Dieu est importante pour Israël

Au verset 1, on demande à Esdras, le scribe, d'apporter le Livre de la Loi que l'Éternel avait donné à Israël par Moïse.

Ceci est extrêmement important dans la vie d'Israël. Dieu avait sévèrement puni les Israélites en les exilant à Babylone, parce qu'ils avaient désobéi à sa Loi. Ils ont dû vivre 70 ans hors de la terre que Dieu leur avait donnée.

Or Dieu leur avait montré de la miséricorde en les ramenant en Terre Promise. Mais ils ne pourront y rester que s'ils obéissent à Dieu. La Loi promettait que s'ils désobéissaient à Dieu, ils seraient encore punis et renvoyés de cette terre.

Moïse leur enseigne l'importance de la Parole de Dieu dans Deutéronome 32.45-47:

> « Lorsque Moïse eut fini de prononcer toutes ces paroles devant tous les Israélites, il leur dit: "Prenez à cœur toutes les paroles que je vous supplie aujourd'hui de recommander à vos enfants, afin qu'ils respectent et mettent en pratique toutes les paroles de cette Loi. En effet, ce n'est pas une parole sans importance pour vous: c'est votre vie, et c'est par elle que vous pourrez vivre longtemps dans le pays dont vous aurez la possession une fois le Jourdain passé." »

Donc, il était vital qu'ils connaissent la Parole de Dieu et qu'ils y obéissent.

Qui reçoit la parole: Tous ceux qui comprennent

Au verset 2, on remarque qui reçoit la Loi: ceux qui étaient aptes à comprendre. C'est répété au verset 3. C'était pour ceux dont l'intelligence et les cœurs étaient prêts à comprendre, pas seulement à entendre.

Dieu veut que nous comprenions Sa Parole. Il nous a donné une intelligence pour que nous puissions penser, connaître et comprendre. La Parole de Dieu est la meilleure chose à laquelle nous pouvons réfléchir pour la comprendre.

Je trouve que les êtres humains arrivent à mieux comprendre la Bible quand ils pensent en être capables. J'ai eu l'occasion d'enseigner une étude biblique dans un centre de désintoxication. Le directeur m'a conseillé de faire court. Il m'a dit: « Ils ont consommé tant de drogues, qu'ils ne peuvent pas rester concentrés très longtemps. »

J'ai décidé d'enseigner aussi longtemps qu'ils m'accorderaient leur attention. J'ai pu faire une étude de 45 minutes sur Nombres 21.4-9, à propos du serpent d'airain dans le désert. Je leur ai expliqué ce dont parlait Jésus dans Jean 3.14-15 quand il comparait sa mort à ce serpent d'airain.

Après l'étude, le directeur m'a dit qu'il était étonné qu'ils aient pu m'écouter. Il répétait qu'il ne comprenait pas comment c'était arrivé! En fait, ces récits dans la Bible sont intéressants et les auditeurs peuvent écouter avec attention quand nous prenons soin d'identifier le message correctement et de l'exposer clairement.

Tout le peuple était attentif

Le verset 3 nous dit que tout le peuple était attentif au Livre de la Loi. Ils ne s'ennuyaient pas et ne souhaitaient pas être ailleurs. Ça les intéressait. Ils écoutaient avec une bonne attitude pour recevoir la connaissance de Dieu et pour écouter l'enseignement concernant ce qu'ils devaient être en tant que peuple de Dieu.

Nous pouvons comprendre leur intérêt: leurs vies dépendaient directement de leur compréhension de la Loi et de leur obéissance à cette Loi.

Nos vies dépendent aussi de la Parole de Dieu et de notre obéissance à Celle-ci. Nous devons connaître Jésus puisqu'Il est la Vérité. Nous devons croire en Lui conformément à la Parole de Dieu.

Esdras enseigne debout sur une plateforme en bois

Il se tenait debout sur une estrade en bois qu'ils avaient construit pour lui. Ça lui permettait d'être au-dessus du peuple pour qu'ils puissent le voir et l'entendre, même de loin. Mais, ça n'était pas pour faire d'Esdras la vedette du spectacle. La Parole de Dieu était l'objet de leur attention, pas une personne.

Beaucoup d'enseignants, le même message

Remarquons que le verset 4 nous dit que d'autres hommes se trouvaient sur l'estrade avec Esdras. Treize autres hommes y étaient: six à sa droite et sept à sa gauche. Il n'était pas le seul enseignant. Au verset 7, treize autres hommes expliquent aussi la Loi au peuple. Ces hommes étaient sans doute d'âges différents et avaient des personnalités et des capacités différentes, mais ils délivraient tous le même message: la Parole de Dieu.

Cela amène une humilité merveilleuse à l'enseignement. Celui qui amène le message n'est pas important. L'important, c'est que le message soit annoncé.

La réunion commence et se poursuit avec de la louange

Au verset 6, Esdras bénit le Seigneur et le peuple répond. Ils louent Dieu ensemble. Ensuite l'enseignement de la Parole commence. Certains pensent que la louange consiste seulement à chanter des chansons, et que l'enseignement vient une fois que la louange s'arrête. Il faut comprendre que la louange ne s'est pas arrêtée quand les Israélites ont arrêté de se prosterner devant Dieu. Jésus dit dans Matthieu 22.37, « Tu aimeras le Seigneur, ton Dieu, de tout ton cœur, de toute ton âme et de toute ta pensée. » L'enseignement de la Parole de Dieu est dirigé vers notre intelligence et notre volonté, mais c'est aussi, en lui-même, un acte d'adoration envers le Seigneur.

Ils lisent beaucoup de texte, dans son contexte

Pour que le peuple puisse obéir à la Loi, ils devaient entendre et comprendre toute la Loi. S'ils n'avaient entendu que certains textes, sans comprendre la relation entre ces textes, ça ne leur aurait été d'aucun secours.

Dans les cinq premiers livres de Moïse, il y a plus que la Loi seule. Il y a une histoire qui explique qui est la nation d'Israël, et comment cette nation est née. Les Israélites doivent leur existence directement à Dieu. Il les a créés. Il les a sauvés de l'Égypte et de l'esclavage. Il leur a demandé s'ils voulaient être son peuple spécial et obéir à ses lois, et ils ont dit « oui ». Ils ont conclu une alliance spécifiant que le Seigneur serait leur Dieu et qu'Israël serait son peuple.

C'est le contexte de ces lois. Ce ne sont pas des lois faites par les hommes, mais des lois données par Dieu. Ces lois sont raisonnables à cause de l'histoire d'Israël avec Dieu et de l'alliance conclue. Il y a une bonne raison pour qu'Israël obéisse à ces lois.

Ils laissent la Parole de Dieu parler par Elle-même

1. Ils lisent distinctement le livre. Il est possible de lire à haute voix les mots sur une page, mais sans comprendre le texte. Une machine peut lire des mots, mais une machine n'a pas de connaissance et ne peut pas enseigner à quelqu'un d'autre.

Les enseignants connaissaient les Écritures et en comprenaient le sens. Ils les lisent donc pour que le peuple comprenne, en insistant simplement sur les mots importants. Ils lisent clairement et donnent à chaque mot la bonne importance.

2. Les enseignants en expliquent le sens. Moïse a écrit les Écritures mille ans avant Esdras. La culture, la langue et les coutumes peuvent changer en mille ans. Pour que le peuple puisse comprendre la Parole de Dieu, certaines idées et mots devaient être expliqués. Les enseignants devaient réfléchir et anticiper les difficultés de compréhension. Ils devaient se poser ces questions: Qu'est-ce que le peuple comprendra facilement? Où ont-ils besoin d'aide? Ensuite ils expliquaient les parties des Écritures difficiles à comprendre.

Ils traduisaient aussi. Les Écritures étaient écrites en hébreu, la langue des Juifs. Quand les Israélites ont été emmené en captivité, ils ont dû apprendre les langues de Babylone. Une fois revenus en Israël, ils continuaient à utiliser ces langues et parlaient peu l'hébreu. Beaucoup parmi eux ne comprenaient donc pas bien ce qui était écrit. Les enseignants devaient mettre l'accent sur les choses importantes dans la langue originale pour les aider à comprendre.

Ils donnaient la définition des mots qui n'étaient plus utilisés. Sinon ces mots n'auraient pas été compréhensibles.

Ils expliquaient les coutumes et autres éléments des Écritures qui n'existaient plus à leur époque.

Les enseignants essayaient de rendre Moïse compréhensible mille ans après son époque, pour que le peuple entende Moïse comme s'il leur parlait directement.

3. Ils les aidaient à comprendre ce qui était lu. Tout le travail des enseignants se résumait à ça: que les Israélites comprennent ce qui était lu. Une fois qu'ils avaient compris, ils pouvaient savoir ce qui était bon et ce qui était mauvais, afin de pouvoir choisir de faire le bien. Ils éviteraient ainsi le mal et ils pourraient rester dans la Terre Promise parce qu'ils plairaient à Dieu.

Dieu veut que les personnes ordinaires comprennent les Écritures et connaissent Dieu par eux-mêmes.

4. Ils aidaient les Israélites à appliquer l'enseignement. La Parole de Dieu est donnée pour changer nos vies. Cela arrive quand nous la comprenons, avant de la mettre en pratique dans nos vies. Jacques 1.21 nous dit de faire ce qui est dit dans la Parole, pas seulement de l'entendre. Une fois que nous avons rendu la Parole claire et compréhensible, il faut la rendre pratique. Il faut se poser ces questions: « Que se passera-t-il si je fais ce que la Bible prescrit? Que se passera-t-il si je ne le fais pas? Qu'est-ce qu'il m'arrivera alors? »

L'échec à la lumière de la Loi

La réaction des Israélites montre qu'ils écoutaient. Ils pleuraient et étaient dans le deuil. Ils se sentaient condamnés à cause de leur péché et des péchés de leurs pères. Ils voyaient clairement leur désobéissance: ils étaient privés de la gloire de Dieu. Après avoir entendu la Loi, ils ont conclu qu'ils étaient sous la condamnation de Dieu. Ils méritaient d'être punis. Qu'ils aient ressenti cela n'est pas une surprise.

Les enseignants corrigent la mise en pratique

Quel était l'objectif des enseignants en expliquant le sens de la Loi? Est-ce qu'ils voulaient que les Israélites se sentent mal et qu'ils soient désolés pour leurs péchés? Non. Ils voulaient que les Israélites comprennent la Loi pour qu'ils évitent d'être déportés hors du pays une seconde fois et dispersés parmi toutes les nations. Les enseignants avaient compris que le peuple mettait mal en pratique l'enseignement.

Ils ont dû aller plus loin et enseigner que ce jour était saint devant l'Éternel. C'était un jour de pardon et de rétablissement. L'enseignement de la Loi n'avait pas été donné pour condamner les Israélites, mais pour qu'ils connaissent la Loi, pour qu'ils la mettent en pratique, et pour qu'ils puissent être proches de Dieu. Ils devaient partager la sainteté de Dieu et être Son peuple. En étant saints comme Lui, ils auraient aussi Sa joie. La joie d'être avec Dieu serait alors leur force.

S'ils ne trouvaient pas leur bonheur en Dieu, ils chercheraient ailleurs de quoi se satisfaire. Ils se tourneraient vers d'autres dieux qui promettent le bonheur, mais trompent leurs adorateurs, et amènent le jugement du Seigneur.

S'ils trouvaient leur bonheur dans le Seigneur, alors ils ne regarderaient pas ailleurs pour leur satisfaction et leur bonheur. Alors ils obéiraient Dieu, seraient heureux et resteraient dans le pays. Néhémie, Esdras et les Lévites ont donc calmé le peuple et leur ont dit de ne pas être dans le deuil.

Les Israélites se réjouissent avec enthousiasme

Une fois que le peuple avait entendu tout le message de Dieu (Dieu est saint, obéissez à Sa Loi, et soyez Son peuple) et qu'ils avaient correctement mis en pratique le message (marchez devant Lui et soyez saints et heureux), ils avaient compris tout le message de Dieu. Ils étaient alors vraiment heureux. Ils ont mangé et bû en partageant tout ensemble.

Mise en pratique

Tirons maintenant quelques principes pratiques de ce que nous avons appris dans Néhémie 8.

1. L'Église a besoin de tout le conseil de Dieu. Comme Israël devait vivre en bonne relation avec Dieu, ainsi en est-il des personnes dans nos églises. Ils doivent connaître Dieu et marcher avec Lui dans la sainteté. Ils ne peuvent faire cela qu'avec toute la Parole de Dieu.

Paul a dit dans Actes 20.27: « car je vous ai annoncé tout le plan de Dieu sans rien en cacher. »

Il a aussi écrit dans 2 Timothée 3.16 à 4.2:

> « Toute l'Écriture est inspirée de Dieu et utile pour enseigner, pour convaincre, pour corriger, pour instruire dans la justice, afin que l'homme de Dieu soit formé et équipé pour toute œuvre bonne. C'est pourquoi je t'en supplie, devant Dieu et devant le Seigneur Jésus-Christ qui doit juger les vivants et les morts au moment de sa venue et de son règne: prêche la Parole! »

Nous avons besoin de toute la Bible. Nous avons besoin du récit de la Création. Nous avons besoin de l'histoire. Nous avons besoin des psaumes, des alliances, des promesses. Ce sont les fondations du Nouveau Testament, l'accomplissement de toutes les promesses et de toutes les alliances.

« Puis il leur dit : "C'est ce que je vous disais lorsque j'étais encore avec vous : il fallait que s'accomplisse tout ce qui est écrit à mon sujet dans la Loi de Moïse, dans les prophètes et dans les psaumes." Alors il leur ouvrit l'intelligence afin qu'ils comprennent les Écritures. » Luc 24.44-45

2. Les êtres humains vont vivre ou mourir en accord avec la Parole. Moïse dit dans le Deutéronome 32.46-47 : « Prenez à cœur toutes les paroles que je vous supplie aujourd'hui de recommander à vos enfants, afin qu'ils respectent et mettent en pratique toutes les paroles de cette Loi. En effet, ce n'est pas une parole sans importance pour vous : c'est votre vie, et c'est par elle que vous pourrez vivre longtemps dans le pays dont vous aurez la possession une fois le Jourdain passé. »

La vie des Israélites dépendait de leur connaissance et de leur obéissance à la Parole de Dieu. Il en est de même pour tout être humain, leur vie dépend de leur connaissance et de leur obéissance à la Parole de Dieu.

Jésus répond au Diable en disant : « Il est écrit : L'homme ne vivra pas de pain seulement, mais de toute parole qui sort de la bouche de Dieu. » (Matthieu 4.4)

3. La Parole a la puissance de convaincre l'homme de son péché. Une journée de lecture de la Parole de Dieu a convaincu les Israélites qu'ils étaient des pécheurs. Il nous faut cette capacité de convaincre les hommes de leur péché. À moins d'être convaincu de leurs péchés, les êtres humains ne voient pas leur besoin d'un sauveur. Jésus a dit dans Jean 16.8, « Et, quand il (l'Esprit-Saint) sera venu, il convaincra le monde en ce qui concerne le péché, la justice et le jugement. »

L'Esprit-Saint va utiliser la Parole de Dieu pour faire son travail.

4. La Parole a la puissance de rendre joyeux. Entendre parler de la grâce de Dieu a rendu les Israélites joyeux parce qu'ils savaient qu'ils étaient justifiés devant Dieu. La Parole de Dieu convainc les hommes de deux choses: qu'ils sont pécheurs et que la seule manière d'être sauvé, c'est par l'intermédiaire Jésus.

« Ainsi la foi vient de ce qu'on entend et ce qu'on entend vient de la parole du Christ. » (Romains 10.17)

5. Les hommes sont capables de comprendre la Parole. Après l'enseignement des Lévites, les Israélites ont montré qu'ils avaient compris. Ça n'était pas compliqué. Ils n'étaient pas dans la confusion. Ils n'avaient que trop bien compris la condamnation. Mais ils avaient aussi compris la miséricorde et le pardon de Dieu.

De la même manière, nous voulons que les personnes de nos églises comprennent quand on leur enseigne tout ce que Dieu dit dans la Bible. Ils seront dans la joie aussi!

6. Le travail du pasteur est d'apporter le message. Les pasteurs n'ont pas à inventer des messages. Dieu les a déjà donnés dans la Bible. Le travail, c'est de correctement extraire le message de la Bible, d'en donner le sens, de l'expliquer, et de le transmettre avec précision. La Parole fera alors son travail qui est de persuader, de convaincre de péché et de permettre aux auditeurs de croire ce qu'Elle dit.

Je vous encourage à enseigner la Bible livre par livre, chapitre par chapitre, et verset par verset. Nous allons justement regarder comment faire dans les prochains chapitres.

2. Pourquoi enseigner toute la Bible?

Si vous êtes comme moi, quand vous écoutez quelqu'un enseigner la Bible, vous vous dites sans doute: « C'est une tâche ardue. Ça doit être beaucoup de travail. Est-ce que je veux vraiment faire ça? » Il faut être convaincu que c'est une bonne chose à faire, que l'engagement et les efforts nécessaires en valent vraiment la peine.

Pourquoi est-ce que nous voudrions enseigner la Bible dans nos ministères? Suivez-moi: nous allons lire ensemble 2 Timothée 3.

1 Sache que dans les derniers jours il y aura des temps difficiles,

2 car les hommes seront égoïstes, amis de l'argent, vantards, orgueilleux, blasphémateurs, rebelles à leurs parents, ingrats, impies,

3 insensibles, implacables, calomniateurs, violents, cruels, ennemis du bien,

4 traîtres, emportés, aveuglés par l'orgueil, amis du plaisir plutôt que de Dieu.

5 Ils auront l'apparence de la piété mais renieront ce qui en fait la force. Eloigne-toi de ces gens-là.

6 Certains d'entre eux s'introduisent dans les maisons et prennent dans leurs filets des femmes crédules, chargées de péchés, entraînées par toutes sortes de désirs,

7 qui sont toujours en train d'apprendre mais ne peuvent jamais arriver à la connaissance de la vérité.

8 De même que Jannès et Jambrès se sont opposés à Moïse, de même ces hommes s'opposent à la vérité. Ils ont l'intelligence pervertie et sont disqualifiés en ce qui concerne la foi.

9 Mais ils n'iront pas plus loin, car leur folie sera évidente pour tous, comme l'a été celle de ces deux hommes.

10 De ton côté, tu as suivi de près mon enseignement, ma conduite, mes projets, ma foi, ma patience, mon amour, ma persévérance,

11 ainsi que les persécutions et les souffrances que j'ai connues à Antioche, à Iconium, à Lystre. Quelles persécutions n'ai-je pas supportées! Et le Seigneur m'a délivré de toutes.

12 Du reste, tous ceux qui veulent vivre avec piété en Jésus-Christ seront persécutés,

13 tandis que les hommes méchants et imposteurs avanceront toujours plus dans le mal en égarant les autres et en s'égarant eux-mêmes.

14 Quant à toi, tiens ferme dans ce que tu as appris et reconnu comme certain, sachant de qui tu l'as appris.

15 Depuis ton enfance, tu connais les saintes Écritures qui peuvent te rendre sage en vue du salut par la foi en Jésus-Christ.

16 Toute l'Écriture est inspirée de Dieu et utile pour enseigner, pour convaincre, pour corriger, pour instruire dans la justice,

17 afin que l'homme de Dieu soit formé et équipé pour toute œuvre bonne.

Des temps difficiles à cause d'hommes dangereux
Le mot grec « kalepos », traduit par « difficile », décrit les derniers jours. Il veut dire « plein de danger ». Quand les temps sont dangereux, il y a de grandes chances de perdre tous ses biens et même sa vie.

Quand nous regardons cette liste dans les versets 1 à 5, nous sommes tentés de penser « Qu'est-ce qui est si différent dans les derniers jours? Ces péchés sont présents depuis des centaines, des milliers d'années! Qu'est-ce qui sera si dangereux dans les derniers jours? »

Les derniers jours sont dangereux parce que Paul parle d'hommes dans l'Église qui feront semblant d'être fidèles à Dieu mais qui rejetteront la puissance de la foi. La piété est une puissance qui agit dans la vie du croyant et qui change sa vie pour la conformer à Christ. Le péché doit disparaître. Tout ce qui s'oppose à Jésus doit se soumettre. Si les hommes rejettent la puissance de la piété dans leurs vies, ça signifie qu'ils ne se soumettent pas à l'autorité du Christ. Ils n'obéissent pas à Sa Parole.

Ils ont une forme extérieure de piété. Ils disent peut-être aux autres de vivre pieusement en leur enseignant comment, mais eux-mêmes ne sont pas mieux que les non-croyants en dehors de l'Église.

Comme les non-croyants, ils seront égoïstes et auront plus d'amour pour leur propre plaisir que pour Dieu. Et tout cela se passera dans l'Église!

Galates 5.21 nous dit que ceux qui font de telles choses n'hériteront pas le royaume de Dieu.

Soumis à leurs désirs, n'apprenant jamais la vérité
Ces hommes seront soumis à leurs désirs, cherchant des femmes faibles qu'ils pourront manipuler.

Ils chercheront à apprendre, mais n'arriveront jamais à une vraie connaissance de la vérité. Si un homme admet qu'il y a une vérité, alors cette vérité règne sur la vie de cet homme. Mais ces hommes ne seront pas sous le règne de la piété, ils ne seront donc pas sous la vérité non plus.

La vie de Paul est la vraie norme pour Timothée

Au verset 10, Paul commence à rappeler à Timothée toutes les choses qu'il avait déjà apprises et de qui il les avait apprises.

Paul fait remarquer que sa doctrine est l'enseignement de Jésus, et que Paul avait reçu sa compréhension des Écritures directement de la part de Dieu. Il vivait en imitant Jésus afin de servir Dieu, le Père, et de vivre dans la sainteté. Son but était de connaître Christ et de le servir. Sa foi était en Christ et dans les Écritures.

Il attire aussi l'attention sur le type de vie qui vient d'une vraie foi. La foi seule est incomplète sans les qualités qui doivent compléter la foi: la patience, l'amour et la persévérance. Les hommes égoïstes n'ont pas ces qualités, surtout pas la capacité d'endurer des persécutions. Personne n'est persécuté parce qu'il est égoïste. Non, il est persécuté s'il vit de manière désintéressée dans la sainteté, comme Jésus-Christ.

S'il semble difficile de vivre pieusement en Christ, c'est mieux que d'être mauvais et dans l'imposture, étant soi-même trompé et trompant les autres, devenant de pire en pire.

La double exhortation de Paul

Timothée doit se concentrer sur deux témoins: l'exemple de la vie authentique de Paul et la base de cette vie, les Écritures. Timothée les avait bien connues la majeure partie de sa vie. Ils montrent à Timothée la voie à suivre pour persévérer en

Christ. Si Timothée continue à suivre l'exemple de Paul et des Écritures, il ne se trompera pas, et il ne trompera pas les autres.

Une mauvaise vie est la conséquence de l'abandon des Écritures, la source de la vérité.

Toute Écriture est importante

Paul insiste sur l'importance de continuer dans les Écritures pour Timothée. Les apôtres qui ont écrit les évangiles, les épîtres et l'Apocalypse savaient qu'ils écrivaient des Écritures Saintes. « Toute Écriture » décrit les 66 livres que nous avons dans la Bible et que nous appelons l'Ancien Testament et le Nouveau Testament. Tous ces livres dans la Bible sont importants parce qu'ils parlent de Jésus.

L'ange dans Apocalypse 19.10 dit que « le témoignage de Jésus est l'esprit de la prophétie. » Au final, toute la Bible parle de ce que Dieu fait à travers Jésus. L'Ancien Testament contient la préparation pour le salut de Dieu. Le Nouveau Testament est l'accomplissement des promesses de Dieu. Si nous ne regardons que le Nouveau Testament, nous ignorons le fondement de ces livres. Nous ne comprendrons pas le message complet de Dieu.

L'Ancien Testament et le Nouveau Testament ensemble, sont ce qu'on appelle le « Canon », ce qui veut dire la « règle étalon ». Ce sont les écritures reconnues par l'Église comme venant de Dieu, et qui font donc autorité. L'Église ne leur a pas donné leur autorité. On a seulement reconnu ce qui était déjà vrai: ce sont les Saintes Écritures, la Parole de Dieu.

N'ajoute rien et n'enlève rien aux Saintes Écritures

« Je le déclare à toute personne qui écoute les paroles de prophétie de ce livre: si quelqu'un y ajoute quelque chose, Dieu lui ajoutera les fléaux décrits dans ce livre;

et si quelqu'un enlève quelque chose aux paroles du livre de cette prophétie, Dieu enlèvera sa part de l'arbre de la vie et de la ville sainte décrits dans ce livre. » Apocalypse 22.18-19

« Toute parole de Dieu est pure. Il est un bouclier pour ceux qui cherchent refuge en lui. N'ajoute rien à ses paroles! Il te reprendrait et tu apparaîtrais comme un menteur. » Proverbes 30.5-6

Certaines personnes ajoutent pourtant aux Écritures. Quand cela arrive les choses qui sont ajoutées deviennent plus importantes que la Bible. Elles deviennent l'autorité en vigueur à la place de la Bible. On peut citer en exemple de cela les Mormons, les Adventistes du Septième Jour, les Témoins de Jéhovah, et les Musulmans.

D'autres, au cours de l'histoire, ont enlevé certaines parties des Écritures. Certains ont même découpé la Bible en parties qui ne sont pas la Parole de Dieu et en parties qu'ils acceptent comme telle. Dans ce cas, ces personnes deviennent l'autorité en vigueur, à la place de la Parole de Dieu.

Une autre manière d'enlever aux Écritures est d'ignorer certaines parties de la Bible et de ne pas les enseigner. Un livre qui est souvent évité est l'Apocalypse. Ce livre décrit Jésus comme le Seigneur de l'Église, le Roi qui vient et qui va juger. Il s'y trouve sans doute beaucoup de symboles difficiles à comprendre, mais Jésus est clairement décrit comme le Seigneur. L'Église a besoin de ce message pour tenir ferme. Que se passe-t-il si nous ignorons que Dieu est en train de tout résoudre? Nous penserons que le mal va triompher et nous serons effrayés et découragés.

Nous n'ajoutons et nous n'enlevons rien aux Écritures. Nous en faisons l'autorité en vigueur. Quand nous enseignons, nous le faisons alors avec une autorité qui ne vient pas des hommes, mais de Dieu. Nous pouvons alors dire « Ainsi parle l'Éternel. »

Toute l'Écriture est inspirée[1] de Dieu

Les Écritures ont de la valeur parce qu'elles viennent de Dieu. Les Écritures ne sont pas une invention humaine. L'Esprit de Dieu venait sur chaque écrivain et le dirigeait à écrire ce que l'Esprit voulait dire. Il est sans cesse répété « Ainsi parle l'Éternel ». Notons aussi ce que Paul dit dans le Nouveau Testament: « Que la grâce et la paix vous soient données de la part de Dieu notre Père et du Seigneur Jésus-Christ! » C'est sa manière de dire « Ainsi parle l'Éternel ».

Les Écritures ne sont pas uniquement Sa Parole, elles sont vivantes et puissantes. Jésus dit « les paroles que je vous dis sont Esprit et vie. »

Il ne s'agit pas simplement d'un livre. Il s'agit de l'Esprit-Saint.

Pensez à ceci: la Parole de Dieu est utile. Quand on plante une graine dans le sol, elle pousse et produit du fruit. Il faut travailler pour que cela arrive, mais ce qui est produit n'est pas quelque chose que l'homme peut fabriquer seul. Le fruit vient de Dieu.

Ce que la Parole produit demande du travail de la part de l'enseignant, mais les retombées viennent de Dieu, et seul Dieu peut accomplir ces choses.

1. Utile pour enseigner. On enseigne la doctrine. Dans la Bible, on trouve l'enseignement le plus important de tous: celui qui concerne Dieu, l'homme, comment tout a été créé, le pourquoi de toutes choses, et le destin final de tout ce qui

---

1 NdT: Le terme grec « theopneustos » traduit ici par « inspirée de Dieu » veut littéralement dire « expirée par Dieu ».

est. Cet enseignement concerne la vie, la mort, le jugement, le péché, le pardon et le salut.

Il est important parce que tout est vrai. Tout ce qui est écrit par les hommes est faillible. L'homme ne sait pas tout. L'homme ne connaît pas l'avenir et il n'est pas parfait. Quand l'homme ne sait pas, il invente.

Dieu, lui, est parfait et sait tout depuis le commencement. Dans la Bible, il n'y a pas de mensonges, de contes de fées, de choses inventées par l'homme. Tout vient de Dieu. C'est éternel. Ça ne change pas avec les générations qui se succèdent. De nouvelles découvertes ne vont jamais rendre la Bible désuète. Il n'y a pas d'erreurs à corriger.

Nous pouvons donc enseigner la Parole de Dieu, sachant qu'elle est vraie, et qu'elle montrera aux hommes ce dont ils ont besoin pour bien vivre en plaisant à Dieu.

2. Utile pour convaincre d'erreur. Quand on nous convainc, c'est qu'on nous montre nos erreurs. On nous dit que nous avons tort. Ça n'est pas amusant si nous sommes innocents. Mais qu'en est-il si nous avons tort? C'est alors une bonne chose à entendre.

Quand nous sommes vraiment en tort, nous avons besoin de l'entendre. Tant que je pense avoir raison, je ne cherche pas le salut parce que je ne pense pas en avoir besoin. Par contre, si je suis convaincu d'être vraiment dans le péché et sous la condamnation de Dieu, alors le salut devient très pertinent et prend tout son sens. Ça n'est plus sans rapport avec ma vie.

La Parole de Dieu est capable de me faire comprendre que je suis en tort devant Dieu. Elle nous montre la logique de Dieu, et Elle contient la puissance de l'Esprit-Saint pour convaincre de péché et persuader une personne qu'elle est en tort devant Dieu, sous sa condamnation, et méritant un jugement éternel. Elle a la puissance de rendre un homme humble et de le convertir à Dieu. « La Loi de l'Éternel est parfaite, elle restaure l'âme. » (Psaumes 19.8)

Ensuite Elle protège cet homme converti en lui montrant où il a tort et ce dont il doit se repentir. Combien est-ce que je ressemble à Jésus actuellement? J'ai besoin de savoir où je dois changer. La Parole de Dieu me le montrera.

Dans 2 Samuel 11, David commet un adultère, un meurtre, puis essaie de cacher le tout en faisant comme si tout allait bien. Dans sa fidélité, Dieu reprend David par sa Parole, donnée par le prophète Nathan. David avait besoin d'entendre qu'il avait mal agi et que les choses n'allaient pas bien. Pour lui, c'était humiliant de voir sa propre méchanceté, mais il valait mieux pour lui qu'il soit humilié, que d'être laissé dans son péché et en route pour le jugement.

3. Utile pour corriger. Savoir que j'ai tort est une bonne chose mais ça n'est que le début. J'ai aussi besoin de savoir comment être rétabli devant Dieu. Si je n'apprends pas comment corriger ma situation vis-à-vis de Dieu, alors je reste un pécheur, condamné avec raison. Il n'y a aucun espoir.

Dans la langue originale, le mot qui est traduit par « correction » était utilisé pour décrire la remise en place d'un os cassé. Quand un os cassé n'est pas correctement remis en place, il ne guérit pas correctement. La Parole de Dieu est capable de me remettre en place pour que je guérisse correctement dans ma vie et dans ma foi.

4. Utile pour instruire dans la justice. Instruire dans la justice veut dire discipliner: c'est l'utilisation de la punition pour corriger le caractère. Ça n'est pas la punition comme une fin en soi. C'est l'utilisation de la punition pour pousser à un bon comportement.

La justice ne nous vient pas de manière naturelle. Nous avons besoin d'être instruits dans la justice, et la Parole de Dieu le fera pour nous.

Salomon avait appris de son père: « En effet le commandement est une lampe et l'enseignement une lumière, et les avertissements de l'instruction sont le chemin de la vie. » (Proverbe 6.23)

Hébreux 12.5-11 nous apprend notre besoin de correction de la part de notre Père:

> « Et vous avez oublié l'encouragement qui vous est adressé comme à des fils: Mon fils, ne méprise pas la correction du Seigneur et ne perds pas courage lorsqu'il te reprend. En effet, le Seigneur corrige celui qu'il aime et il punit tous ceux qu'il reconnaît comme ses fils. Supportez la correction: c'est comme des fils que Dieu vous traite. Quel est le fils qu'un père ne corrige pas? Mais si vous êtes dispensés de la correction à laquelle tous ont part, c'est donc que vous êtes des enfants illégitimes et non des fils. D'ailleurs, puisque nos pères terrestres nous ont corrigés et que nous les avons respectés, ne devons-nous pas d'autant plus nous soumettre à notre Père céleste pour avoir la vie? Nos pères nous corrigeaient pour un peu de temps, comme ils le trouvaient bon, tandis que Dieu le fait pour notre bien, afin que nous participions à sa sainteté. Certes, au premier abord, toute correction semble un sujet de tristesse, et non de joie, mais elle produit plus tard chez ceux qu'elle a ainsi exercés un fruit porteur de paix: la justice. »

Nous ne sommes pas vraiment des fils de Dieu si nous refusons sa correction. Être instruit dans la justice par les Écritures est absolument utile!

5. Afin que l'homme de Dieu soit formé. L'idée ici est un homme complet, parfaitement adapté, qui a tout ce dont il a besoin pour être efficace et pour répondre à l'objectif et à l'appel de Dieu pour sa vie. Sa Parole est une école complète et un enseignant qui vous préparera. Elle préparera aussi ceux qui écoutent pendant que vous enseignez Sa Parole.

Parfois je suis tenté de penser que j'ai besoin de plus d'argent, de machines ou de miracles, pour avoir un ministère qui a du succès. Paul nous dit que ce dont nous avons besoin, c'est d'avoir nos caractères formés par la Parole de Dieu pour correctement et puissamment offrir cette Parole à d'autres.

Mise en Pratique

Paul met en pratique son enseignement à Timothée, en l'encourageant à annoncer la Parole, à être prêt en toute occasion, favorable ou non, pour convaincre, pour reprendre, pour exhorter avec patience et en instruisant. Il donne la lourde charge à Timothée de prêcher la Parole.

Est-ce que vous ressentez le sentiment d'urgence dans les propos de Paul? Il a écrit ces choses au début de l'ère chrétienne. 2000 ans plus tard, nous nous trouvons à l'époque dont il parlait. Certains hommes dans l'Église se comportent comme ceux du dehors. Ils ne supportent pas un enseignement sain. Au contraire, ils collectionnent les enseignants qui leur disent ce qu'ils ont envie d'entendre. Il se détournent vers des fables. Ils aiment le plaisir. Ils n'aiment pas Dieu.

On peut soupirer et se décourager, mais ça serait de l'incrédulité. Prenons plutôt courage. Tout cela confirme la Parole de Dieu. Il a dit que cela arriverait, et c'est le cas. Ça devrait nous rendre d'autant plus confiants dans tout le reste de ce que la Bible déclare. Toute la Parole de Dieu va s'accomplir.

ANNONCER CORRECTEMENT LA PAROLE DE VÉRITÉ

Le commandement de Paul est encore valable aujourd'hui. Nous devons prêcher et enseigner toute la Parole de Dieu pour qu'elle fasse son effet sur nous et tous ceux qui fréquentent nos églises. Esaïe 55.10-11 est encore vrai:

« La pluie et la neige descendent du ciel et n'y retournent pas sans avoir arrosé la terre, sans l'avoir fécondée et avoir fait germer ses plantes, sans avoir fourni de la semence au semeur et du pain à celui qui mange. Il en va de même pour ma parole, celle qui sort de ma bouche: elle ne revient pas à moi sans effet, sans avoir fait ce que je désire et rempli la mission que je lui ai confiée. »

Nous savons que nous accomplissons la volonté de Dieu lorsque nous faisons grandir des hommes et des femmes qui connaissent sa Parole et qui sont équipés pour faire l'œuvre du ministère. Notre récompense sera de l'entendre dire à la fin: « C'est bien, bon et fidèle serviteur. Viens et entre dans la joie de ton Maître. »

3. Observer un verset

Nous voulons enseigner ce que la Bible dit et la laisser parler par elle-même. C'est ce qui arrive quand nous enseignons en parcourant la Bible, livre par livre, chapitre par chapitre, verset par verset.

Pour y arriver, nous devons savoir comment découvrir avec précision ce que la Bible dit. Nous étudions le texte biblique. Étudier, c'est regarder quelque chose en détail et avec soin pour en apprendre plus sur cette chose. Étudier la Bible, c'est un processus où nous nous posons des questions avant de chercher les réponses dans le texte.

Paul exhorte Timothée à étudier les Écritures:
> « Efforce-toi de te présenter devant Dieu comme un homme qui a fait ses preuves, un ouvrier qui n'a pas à rougir mais qui expose avec droiture la parole de la vérité. » 2 Timothée 2.15

Pour notre première session d'étude de la Bible, nous allons maintenant regarder un verset et voir combien de questions on peut trouver à poser par rapport à ce verset. De là, nous pourrons ensuite regarder un paragraphe, et ensuite un chapitre entier.

Toute Écriture est bonne. J'ai donc choisi ce verset:

« La connaissance commence par la crainte de l'Éternel. Il faut être fou pour mépriser la sagesse et l'instruction. » Proverbe 1.7

Définir, poser des questions, répondre, écrire

Nous commençons l'étude en regardant les mots utilisés. Est-ce que vous connaissez leurs définitions? Nous pensons souvent comprendre un mot, mais si nous essayons de le définir, nous nous rendons compte que nos définitions sont floues. Cela montre que nous ne maîtrisons pas vraiment le concept derrière le mot. Voilà donc la règle: si vous ne pouvez pas définir un mot rapidement et facilement, cherchez la définition dans le dictionnaire. Vous serez surpris par tout ce que vous apprendrez comme ça! Je cherche souvent la définition de mots avec lesquels je suis familier pour en apprendre davantage en tirant parti de la clarté du dictionnaire.

Nous posons des questions auxquelles le texte peut répondre. Nous regarderons plus tard dans le chapitre quels types de questions poser.

Écrivez ce que vous apprenez: les définitions, les réponses, même les questions. Utilisez beaucoup de papier. Pendant que vous écrivez, vous réfléchissez davantage. Vous découvrirez peut-être une nouvelle relation entre les idées qui ne vous était pas venu à l'esprit. Pour moi, quand j'écris mes observations, je développe mes pensées et je découvre de nouvelles idées sur les Écritures que j'essaie de comprendre.

Écrire vos pensées vous permet également de les voir simplement sur feuille devant vous. Je n'aime pas devoir jongler avec plein d'idées dans ma tête. J'aime les voir et les évaluer de manière objective.

Quel type de texte est-ce que nous regardons?

La Bible est composée de 66 écrits. C'est un livre d'histoire. C'est un livre de poèmes. C'est une biographie. C'est un manuel. La Bible contient plusieurs genres littéraires.

Un de ces genres est l'exposition, un texte qui explique quelque chose. L'écrivain a une ou plusieurs idées qu'il veut communiquer. Il développe ses concepts point par point. Ensuite il donne des mises en œuvre pratiques de ces idées. Les Épîtres du Nouveau Testament sont des exemples d'exposition.

Il y a de l'histoire et de la narration, c'est-à-dire des récits d'évènements qui ont eu lieu dans le passé, racontant qui a participé, quels ont été les résultats, les leçons à tirer de ces évènements, etc... La biographie est un genre historique qui détaille la vie d'une personne. Les Évangiles sont l'histoire de la vie de Jésus.

Les paraboles sont des histoires pour mettre l'accent sur une chose, une conclusion, ou une leçon. La plupart des paraboles se trouvent dans les Évangiles, mais il y en a un peu partout dans la Bible.

Les Proverbes et les Écrits de sagesse se concentrent sur comment vivre de manière juste en harmonie avec la Loi de Dieu.

La Prophétie regarde le futur et en tire les conclusions sur comment vivre correctement au moment présent. Le livre de l'Apocalypse est une prophétie de type apocalyptique, parce qu'il parle des derniers jours et utilise beaucoup de symboles pour communiquer son message. Le livre de Daniel contient certaines parties qui peuvent être considérées comme apocalyptiques.

Nous faisons attention de différencier les genres littéraires dans la Bible pour que nous puissions comprendre ce que chaque écrit dit dans son style propre. Les vérités communiquées par un proverbe sont différentes de celles communiquées par un écrit historique. Nous interprétons en accord avec ce qui est communiqué et comment c'est dit.

Nous remarquons donc que le Proverbe 1.7 est dans la catégorie des proverbes et des écrits de sagesse.

Nous devons aussi être conscients que le livre des Proverbes est écrit sous la forme de poésie hébraïque. La poésie hébraïque fait des rimes d'idées plutôt que des rimes de sons, comme c'est le cas de la poésie française. C'est ce qu'on appelle du parallélisme, et il y a plusieurs manières de le faire. Une manière est d'avoir une ligne avec une déclaration puis la ligne suivante répète la déclaration en utilisant des mots différents.

Par exemple:

« Éternel, ne me punis pas dans ta colère

et ne me corrige pas dans ta fureur. » (Psaumes 6.1)

Voilà deux manières de dire la même chose. Parce qu'elles se ressemblent nous pouvons utiliser une ligne pour interpréter l'autre. La « colère » est comparée à la « fureur ». « Punir » est comparé à « corriger ».

Un autre type de parallélisme est de faire un contraste entre deux phrases comme suit:

« Avant d'être humilié, je m'égarais;

maintenant je me conforme à ta parole. » (Psaumes 119.67)

On remarque l'utilisation des mots « avant » et « maintenant ». On peut se demander: « Quelle est la différence entre avant et maintenant et qu'est-ce qui a fait cette différence? »

On remarque donc que Proverbe 1.7 est en deux phrases. Est-ce que les deux s'accordent entre-elles ou est-ce qu'elles s'opposent? (Réponse ici: la première ligne contraste la deuxième.) Nous verrons comment utiliser ce contraste plus loin dans notre étude. Commençons à poser des questions sur notre extrait.

« La connaissance commence par la crainte de l'Éternel. Il faut être fou pour mépriser la sagesse et l'instruction. » Proverbe 1.7

Qu'est-ce que la connaissance? J'ai regardé dans un dictionnaire hébreu: ça veut dire une connaissance qui vient de l'observation et de la réflection, une connaissance qui vient de l'expérience.

Puisqu'il s'agit d'un contraste, on peut dire que les fous n'observent ou ne réfléchissent pas, ils ne font pas l'expérience de Dieu, n'est-ce pas? (Réponse: oui)

Qu'est-ce que la crainte de l'Éternel? Le dictionnaire dit: une profonde révérence et de l'admiration, de la piété et une sainte peur.

La révérence est un profond respect mêlé à de l'amour et de l'émerveillement.

Puisque nous avons décidé que ces deux lignes étaient en contraste, on peut aussi dire que les fous n'ont pas de révérence pour Dieu, de respect pour Dieu, ni d'amour pour Dieu? (Réponse: Oui)

Que veut dire « commencement » ? Le dictionnaire explique encore: le point dans le temps ou dans l'espace où quelque chose débute. Il n'y a rien avant le commencement.

Donc les fous n'ont pas commencé à avoir de la connaissance? (Réponse: correct)

Que veut dire « mépriser » ? Ça veut dire ressentir du dédain ou une forte répugnance envers quelque chose. Est-ce que je sais ce qu'est le dédain ou la répugnance? Si je ne comprends pas la définition, alors ça ne m'aide pas beaucoup.

On peut éviter ce problème en regardant les définitions de ces mots aussi jusqu'à ce qu'on maîtrise bien l'idée.

Que veut dire dédain? Le sentiment que quelqu'un ou quelque chose est indigne d'être considéré, sans valeur, ou méritant le mépris.

Que veut dire répugnance? Un dégoût intense.

Que veut dire dégoût? Un sentiment de répulsion ou de désapprobation profond provoqué par quelque chose de désagréable ou d'offensant.

Que veut dire désapprobation? Le sentiment ou l'expression d'un avis défavorable.

Que veut dire défavorable? Exprimer ou montrer un manque d'approbation ou de soutien.

Est-ce qu'une personne a raison quand elle pense que Dieu à tort?

Quelle est l'attitude de quelqu'un qui pense qu'il est plus malin que Dieu? La fierté, je crois.

Donc quelqu'un qui méprise la sagesse et l'instruction les déteste aussi, et pense qu'elles sont déplaisantes et désagréables.

Ça me pousse à me demander: Pourquoi est-ce que je penserai ça? Peut-être que je ne veux pas qu'on me dise que j'ai tort, surtout si c'est Dieu qui parle, parce que j'ai envie de faire ce dont j'ai envie, et je ne veux pas que quelqu'un puisse me dire ce que je dois faire. Il me semble que c'est encore de la fierté.

Que veut dire sagesse? Le dictionnaire dit: « la qualité d'avoir de l'expérience, de la connaissance, et la capacité de juger judicieusement; la qualité d'être sage. »

Que veut dire instruction? En regardant dans un dictionnaire hébreu, ça veut dire discipline, punition, correction.

Que veut dire discipline? Le dictionnaire dit: « la pratique de former des personnes à obéir à des règles ou un code de conduite, utiliser la punition pour corriger la désobéissance. »

Que veut dire punition? Dans mon dictionnaire: « soumettre à la douleur, la souffrance, la privation ou le malheur afin de corriger, renforcer, ou perfectionner le caractère, les aptitudes mentales ou spirituelles, ou la conduite: discipline (le Seigneur corrige celui qu'il aime Hébreux 12.6) »

Le dictionnaire suggère donc de regarder Hébreux 12. En y regardant, nous trouvons beaucoup de choses qui expliquent la discipline. Cherchez les réponses à ces questions:

Qui exécute la discipline?

À qui est destinée la discipline?

Est-ce que la discipline est agréable initialement?

Que produit la discipline plus tard?

Qu'arrive-t-il si on ne nous discipline pas?

Ce sont de bonnes questions pour Hébreux 12 qui enrichissent notre compréhension de Proverbe 1.7. Mais retournons à notre texte.

Qu'est-ce qu'un fou? Proverbe 1.7 nous dit que c'est quelqu'un qui méprise la sagesse et la connaissance. À cause du contraste dans les vers de cette poésie, on peut voir qu'un fou méprise aussi la crainte de l'Éternel.

Dans les Proverbes et les autres écrits de sagesse, un fou n'est pas quelqu'un de stupide mentalement, mais quelqu'un qui est moralement stupide. Il est peut-être très intelligent par ailleurs, mais s'il ne craint pas Dieu, alors il est vraiment fou.

D'autres questions me viennent alors:

Pourquoi est-ce que le fou ne craint pas Dieu? En pensant à ce que dit la Bible, il semble que c'est parce que Dieu va juger chaque personne. Tout le monde va finir soit au ciel soit en enfer suivant le jugement rendu par Dieu.

Qui ira au ciel? Tous ceux qui reçoivent Jésus comme leur Seigneur et Sauveur, et qui vivent pour l'honorer.

Qui ira en enfer? Tous ceux qui rejettent Jésus et qui vivent comme ils le veulent parce qu'ils ne croient pas en Jésus ou à Dieu ou au jugement.

Qu'est-ce qu'un fou veut? On sait ce qu'un fou ne veut pas: de l'instruction (nous avons vu que ça veut dire discipline).

Quel est l'opposé de la discipline? Le dictionnaire sait: « le dérèglement », qui veut dire s'abandonner aux plaisirs des sens.

S'abandonner ou l'incapacité de résister aux caprices et aux désirs, le manque de contrôle, l'absence de retenue.

Qu'est-ce que la retenue? La maîtrise de soi.

Qu'est-ce que la maîtrise de soi? La capacité de se contrôler, en particulier ses émotions et désirs, ou leur manifestation dans son comportement, surtout dans les situations difficiles.

Pourquoi la maîtrise de soi est importante? Le contraire est de n'avoir aucune maîtrise de soi, quelque chose d'autre est en contrôle. Ça peut être le plaisir, les drogues, l'alcool, le jeu, le sexe, la nourriture, ou quelque chose d'autre que Dieu. Est-ce que ça peut être bon? Qu'arrive-t-il quand le Seigneur est votre berger? Qu'arrive-t-il si autre chose que Dieu est votre berger? Puisque je lis sans arrêt la Bible, ça me fait penser au Psaume 49.15 où il est carrément dit que « la mort sera leur berger. »

Il semble donc que le fou ne veut pas être dirigé par Dieu, mais puisqu'il n'a pas de maîtrise de soi, quelque chose d'autre que Dieu va diriger sa vie, et va amener la mort au final. Est-ce une bonne idée?

Écrivez le verset avec vos propres mots

C'est un exercice qui permet de rendre le sens du texte clair. Quand vous pouvez exprimer ce que dit le verset avec d'autres mots, alors vous avez saisi l'idée. Vous pouvez alors communiquer l'idée à d'autres pour qu'ils la comprennent aussi.

Ceci n'est pas facile. C'est plus facile de réécrire le verset en réarrangeant les mêmes mots. Ce que j'essaie de faire est d'écrire une phrase avec toutes les idées du mieux possible. En général, la phrase est trop longue et la grammaire est horrible. Mais ça me donne quelque chose à regarder et je peux me demander ce qui est juste, ce qui est faux, et ce qui doit être changé. Je continue à travailler cette phrase en enlevant ce qui n'est pas nécessaire ou semble faux, jusqu'à ce que ma phrase dise tout ce que le verset communique. C'est beaucoup de travail, mais quand j'ai terminé, je comprends le verset très bien.

Essayons de faire ça ici:

> « Pour commencer à connaître comme Dieu dit que je dois connaître, je dois avoir un grand respect pour Dieu et pour l'exercice d'une vie pleine de justice morale. Si ça ne me plaît pas, je suis fou. »

Ma première tentative utilise deux phrases mais je veux arriver à tout dire en une phrase. Est-ce que j'ai tout dit? Ça ne me satisfait pas. Je réessaie.

> « Craindre Dieu et accepter sa discipline dans ma vie va me guider sur le chemin de la connaissance de la vérité, mais si je ne m'humilie pas pour qu'Il puisse me dire où j'ai tort, je n'apprendrai jamais rien de valeur. »

Hmmm ... C'est une phrase assez longue. Est-ce que j'ai inclus toutes mes observations?

Est-ce que la phrase a du sens? Est-ce qu'elle est vraie, en accord avec le proverbe? Ça me plaît. Est-ce que vous pouvez trouver une meilleure phrase?

4. Observer un paragraphe

Nous avons travaillé pour étudier un verset et maintenant nous voulons faire la même chose avec un paragraphe composé de versets. La différence est que nous avons un grand nombre de versets à traiter. Mais ça reste similaire parce que les versets ont un sens ensemble. C'est ce que nous voulons trouver. Nous commençons en observant les détails de chaque verset. Ensuite nous déterminons ce que les versets disent ensemble: le but du récit. Ensuite nous écrivons en une phrase ce qu'il se passe.

Quel paragraphe des Écritures?

Aucune raison particulière ne me pousse à choisir l'Évangile de Matthieu, chapitre 11.1-6. On pourrait choisir n'importe quel autre paragraphe des Écritures parce que toutes les Écritures sont utiles. Je suis convaincu que ce passage nous parlera lorsque nous poserons des questions avant d'en chercher les réponses.

> 1 Lorsque Jésus eut fini de donner ses instructions à ses douze disciples, il partit de là pour enseigner et prêcher dans leurs villes.
>
> 2 Or, dans sa prison, Jean avait entendu parler de ce que faisait Christ. Il envoya deux de ses disciples lui demander:
>
> 3 «Es-tu celui qui doit venir ou devons-nous en attendre un autre?»

4 Jésus leur répondit: «Allez rapporter à Jean ce que vous entendez et ce que vous voyez:

5 les aveugles voient, les boiteux marchent, les lépreux sont purifiés, les sourds entendent, les morts ressuscitent et la bonne nouvelle est annoncée aux pauvres.

6 Heureux celui pour qui je ne représenterai pas un obstacle! »

Verset 1 - Où est Jésus? Il fait une sorte de tournée d'enseignement dans les villes de la Galilée. C'est une supposition parce que le texte ne le dit pas exactement. Mais il est écrit qu'il enseignait dans leurs villes. S'il s'agit des villes des disciples alors c'est la région autour de la Galilée parce que c'est de là que venaient la plupart des disciples.

Qu'est-ce qu'il faisait? Il donnait des instructions à ses disciples et les préparait pour les envoyer prêcher le royaume et opérer des guérisons. Nous apprenons cela parce que « Jésus eut fini de donner ses instructions à ses douze disciples. » Quand nous regardons ce qui s'est passé avant ça, nous voyons que la majeure partie du chapitre 10 parle de Jésus qui prépare ses disciples pour cette mission.

Que fait Jésus une fois qu'il les envoie? Jésus quitte lui-même l'endroit pour faire sa propre tournée des villes pour enseigner et opérer des guérisons. Même s'il vient juste d'envoyer ses disciples, il continue lui aussi de faire le même travail. Il pourrait s'arrêter et dire « C'est moi le patron, maintenant ces gars vont faire tout le travail et moi je peux me reposer. » Au contraire, il continue.

Pourquoi est-ce qu'il fait cela? Il n'y a pas de réponse explicite dans le texte, nous devons donc faire des suppositions en faisant attention. On remarque qu'il met en pratique ce qu'il vient d'apprendre à ses disciples. On se souvient que Jésus est venu chercher et sauver ceux qui sont perdus. On peut donc répondre qu'il continue de travailler parce qu'il le veut, non pas parce qu'il est obligé, mais pour être un exemple pour les disciples. C'est une supposition. On peut tester cette idée en se demandant « Est-ce que cette conclusion s'accorde avec ce que nous savons de Jésus? »

Verset 2 - De quel Jean s'agit-il? Le texte ne le dit pas tout de suite. Il ne s'agit pas de l'apôtre Jean parce que Jésus vient de l'envoyer prêcher et enseigner. Plus tard, on lit que Jésus parle à la foule de quelqu'un qui s'appelle Jean. Il devient alors évident qu'Il parle de Jean Baptiste.

Où se trouve Jean? Le texte nous dit qu'il est en prison.

Pourquoi s'y trouve-t-il? Le texte ne nous le dit pas. Alors on doit se demander s'il y a d'autres endroits dans les Évangiles qui pourraient nous donner cette information. C'est là que le fait de lire la Bible régulièrement se révèle très utile (on en parlera dans le chapitre 8): on se souvient de Luc 4.19: Jean reprend Hérode le Tétrarque parce qu'il a épousé la femme de son frère. C'était illégal d'après la Loi de Dieu. Hérode fait arrêter Jean et le met en prison.

Comment Jean avait-il appris ces choses? Ses disciples le lui avaient dit. Ils devaient donc avoir essayé de lui rendre visite et avaient eu le droit de le voir en prison. Est-ce que c'était risqué pour eux de rendre visite à Jean?

Qu'avait appris Jean? Il est écrit qu'ils lui ont raconté les œuvres de Christ. On peut alors se demander que veut dire « Christ » ? Quelles œuvres est-ce que Jésus avait fait? Il enseignait et prêchait et faisait des miracles de guérison et chassait les démons.

Qu'est-ce que Jean a fait ensuite? Il est écrit qu'il envoya deux de ses disciples pour poser une question à Jésus.

Verset 3 - Que veut dire « celui qui doit venir » ? C'est un titre du Messie (en Hébreu) ou du Christ (en grec). Donc

Jean demande si Jésus est le Christ. Mais ça n'est pas toute la question. Il demande si Jésus est le Messie, ou si lui et ses disciples doivent attendre quelqu'un d'autre, qui serait le Messie.

Pourquoi est-ce que Jean demande ça? Nous sommes obligés de supposer parce que le texte ne nous dit pas. Mais si on se met à la place de Jean, on peut poser quelques questions et trouver quelques bonnes réponses.

Est-ce que Jean apprécie d'être en prison? Probablement pas. Je n'aimerais pas y être.

Est-ce que Jésus est puissant? Oui, il l'est. Il ressuscite des morts et il guérit des aveugles.

Si j'étais Jean et que j'entendais ces choses, je me dirais « Pourquoi est-ce que Jésus n'est pas venu me sortir d'ici? ». Je me demanderais même « Est-ce qu'Il m'a oublié, moi, son précurseur? J'ai fait mon travail: j'ai dirigé tous ceux que j'ai pu vers Lui pour qu'ils puissent croire en Lui. Le Messie ne me laisserait pas en prison. Pourquoi est-ce que je suis encore en prison? Peut-être que Jésus n'est pas le Messie. »

Même s'il a vu l'Esprit-Saint descendre sur Jésus et rester sur Lui, il commence à s'interroger sur l'identité de Jésus.

Jean donne-t-il l'impression de croire en Jésus ici? Moi, j'ai l'impression que Jean doute de Jésus ou essaie de Lui rappeler « Eh, ne m'oublies pas! ». Jean est peut-être deçu par Jésus. Quoiqu'il en soit, il remet Jésus en cause et n'est plus sûr de qui il est.

Quelle était la mission de Jean? Jean-Baptiste était celui envoyé par Dieu pour prêcher la repentance dans le désert. Il devait finalement attirer l'attention sur le Messie quand il arriverait. Si on lit la Bible régulièrement (Encore le Chapitre 8!), on se rappelle les prophéties le concernant dans Malachie 3 et Esaïe 40 comme celui qui allait précéder le Messie.

Avait-il réussi sa mission? Oui. On peut le lire dans Matthieu 3, Luc 3 et Jean 1. En montrant Jésus, il avait dit « Voici, l'Agneau de Dieu qui enlève le péché du monde! » (Jean 1.29)

Il dit aussi au même chapitre: « "Pour ma part, je ne le connaissais pas, mais c'est afin de le faire connaître à Israël que je suis venu baptiser d'eau." Jean rendit aussi ce témoignage: "J'ai vu l'Esprit descendre du ciel comme une colombe et s'arrêter sur lui. Je ne le connaissais pas, mais celui qui m'a envoyé baptiser d'eau m'a dit: 'Celui sur qui tu verras l'Esprit descendre et s'arrêter, c'est lui qui baptise du Saint-Esprit.' Et moi, j'ai vu et j'atteste qu'il est le Fils de Dieu." » (Jean 1.31-34)

Donc Jean était envoyé en mission par Dieu et il avait rempli sa mission.

Qu'est-ce qu'il s'est passé après? Le ministère de Jean est devenu de moins en moins important (on peut le lire dans Jean 2). Il est ensuite arrêté et mis en prison.

Verset 4-5 - Comment est-ce que Jésus répond à la question de Jean? Jésus ne répond pas par oui ou non. Ce n'est pas une réponse directe, comme « Je suis celui qui vient. »

Qu'est-ce que Jésus dit aux disciples de Jean de faire? Jésus leur dit de retourner et de dire à Jean les choses qu'ils entendent et voient.

Comment appelle-t-on des personnes qui disent ce qu'ils entendent et voient? On les appelle des « témoins ».

Qu'est-ce que les disciples entendent et voient? Ils voient les choses dont parlait Jésus: les aveugles voient, les boiteux marchent, les lépreux sont purifiés, les sourds entendent, les morts ressuscitent. Ils entendent aussi l'Évangile que Jésus leur annonce.

À quoi est-ce que ça ressemblait? Au Sermon sur la montagne probablement.

Quel effet ce sermon avait-il eu? À la fin du Sermon sur la montagne, il est écrit que les auditeurs étaient frappés par l'enseignement de Jésus parce qu'Il les enseignait comme quelqu'un ayant de l'autorité, et non pas comme les scribes (Matthieu 7.29-29). Ils n'avaient jamais entendu quelqu'un comme Jésus.

Pourquoi est-ce que ces miracles sont importants? En cherchant dans la Bible, on trouve que ces miracles sont annoncés dans Esaïe 29, 35 et 61. Le Messie allait faire ces choses.

À quoi servent ces miracles? Ils prouvent l'identité de Jésus: il est bien le Messie, celui qui vient, celui qui accomplit les prophéties.

Verset 6 - Que veut dire « heureux »? Heureux veut dire joyeux mais avec cet avantage: « rendu joyeux par Dieu. »

Le mot grec « skandalon » qui donne l'idée d'obstacle veut aussi dire « offensé ». Qu'est ce que ça veut dire? Ça signifie mécontent, blessé, agacé, fâché, irrité, amer.

Qu'est-ce que le fait d'être offensé par quelqu'un? Ça veut dire qu'on n'aime pas ce que cette personne nous fait. On pense que ce qu'elle fait est mauvais.

Qu'est-ce qu'être offensé par Jésus? Ça veut dire qu'on n'aime pas ce que Christ nous fait. On pense que c'est mauvais.

Pourquoi est-ce que Jean serait offensé par Christ? Encore une supposition: parce que Jésus ne fait pas ce que Jean voudrait: qu'Il le sorte de prison.

Qui a raison, Jean ou Jésus? C'est une question incroyable mais nous devons la poser. Est-ce que Jean a raison d'être offensé ou est-ce que Jésus a raison de laisser Jean en prison?

Comment est-ce que Jean (et nous aussi) peut décider? Jésus lui a donné de quoi travailler pour arriver à une réponse. Il peut écouter ce que ses deux disciples lui disent à propos de Jésus. Il doit décider, premièrement, qui Jésus est. Est-ce qu'Il accomplit les Écritures? Est-ce qu'Il est Dieu?

Deuxièmement, pour que Jean puisse être heureux, il ne doit pas être offensé par Jésus. Pourquoi est-ce que Jean est en prison? La vérité est que Dieu pourrait le faire sortir tout de suite, mais Il ne l'a pas fait. Il a laissé Jean en prison. Ça doit donc être la volonté de Dieu qu'il soit en prison.

Est-ce que Jean peut faire confiance à Dieu et être en paix en prison? Il le peut s'il peut faire confiance à Dieu sans avoir certaines réponses. Jésus ne donne pas de réponse à Jean. Jean doit faire confiance à Dieu et croire qu'Il sait ce qu'Il fait.

Écrivez maintenant une phrase pour décrire ce que le paragraphe décrit:

« Jésus envoie ses disciples pour enseigner et prêcher puis Il fait lui-même la même chose; les disciples de Jean arrivent et lui disent ce que Jésus fait, donc il leur dit de demander à Jésus s'Il est le Messie, puis Jésus leur dit de dire à Jean ce qu'ils ont entendu et vu, et de lui dire qu'il serait heureux s'il n'était pas offensé par Jésus. »

Cette phrase est horrible parce qu'elle répète ce que les versets disent eux-mêmes. Il faut que je recommence, en utilisant d'autres mots, pour essayer d'écrire une phrase courte et convenable.

« Pendant que Jésus et ses disciples enseignent et prêchent, Jean-Baptiste envoie demander s'il est le Messie, et Jésus renvoie ces disciples comme témoins de qui Il est, et Il reprend Jean en lui disant qu'Il a raison de laisser Jean en prison. »

Cette phrase exprime mieux ce que j'ai appris en répondant à mes propres questions, mais c'est encore mauvais. J'ai oublié les disciples de Jean puis ils apparaissent dans la deuxième moitié. Comment corriger cette phrase? Je vais réessayer:

> « Jean, en prison, se demande pourquoi Jésus ne le libère pas, alors il envoie deux disciples pour Lui demander s'Il est vraiment le Messie, ce à quoi Jésus répond en renvoyant les disciples comme témoins de ce qu'ils ont vu et entendu, et pour dire gentiment que Jean a tort de ne pas croire qu'Il est le Messie. »

La phrase est encore trop longue, mais c'est plus fluide et je commence à bien saisir le sens des versets. Je n'y suis pas encore. J'ai enlevé la partie qui nous dit que Jésus enseignait et prêchait parce que ça n'est pas le point principal du paragraphe. La question maintenant est « quel est le point principal de ce passage? »

Essayons encore:

> « Jean se demande pourquoi Jésus le laisse en prison, et Jésus lui répond qu'il doit décider qui Il est, et ensuite, Lui faire confiance, qu'Il fait toujours ce qui est juste. »

C'est plus court, mais ça n'est toujours pas fini.

> « Jean n'aime pas être en prison et il se demande pourquoi Jésus ne le libère pas, il le remet même en question, et Jésus répond par un témoignage de qui Il est, et Il encourage gentiment Jean à Lui faire confiance même sans réponses. »

Je préfère ça. Est-ce que ça explique ce qui est écrit dans ces versets? Est-ce que vous pouvez trouver une meilleure phrase?

5. Interpréter les Écritures

Paul a encouragé Timothée en lui disant, « Efforce-toi de te présenter devant Dieu comme un homme qui a fait ses preuves, un ouvrier qui n'a pas à rougir mais qui annonce correctement la parole de la vérité. » (2 Timothée 2.15). Pour annoncer la Parole correctement, nous devons pouvoir l'interpréter. Cela veut dire pouvoir expliquer le sens des Écritures. Nous devons être capables de dire « c'est ce que la Parole veut dire », mais aussi ce que la Parole ne dit pas.

Arriver à la bonne interprétation est important pour les raisons suivantes.

Nous voulons dire ce que Dieu dit

Dieu est très sérieux en ce qui concerne Sa Parole. Nous ne devons rien y ajouter, rien en enlever, ni le changer de quelque manière que ça soit. Si nous interprétons mal, c'est exactement ce que nous faisons.

Dieu a parlé à Jérémie de ceux qui s'auto-proclamaient prophètes, qui disaient annoncer Sa Parole, mais qui concoctaient leur propre message.

> « Voici ce que dit l'Éternel, le Maître de l'Univers: N'écoutez pas les paroles des prophètes qui vous font leurs prédictions! Ils vous entraînent dans l'illusion. Ils transmettent les visions de leur invention, et non ce qui vient de la bouche de l'Éternel. Ils répètent à ceux qui

me méprisent: "L'Éternel a dit: Vous aurez la paix", à tous ceux qui persévèrent dans les penchants de leur cœur ils disent: "Il ne vous arrivera aucun mal." Qui donc a assisté au conseil de l'Éternel, de sorte qu'il aurait vu et entendu sa parole? Qui s'est montré attentif à sa parole et l'a entendue?

La tempête de l'Éternel, sa colère, éclate. C'est une tempête tourbillonnante qui fond sur la tête des méchants. La colère de l'Éternel ne se calmera pas tant qu'il n'aura pas agi et mis à exécution les projets de son cœur. Dans l'avenir, vous en comprendrez le sens.

Je n'ai pas envoyé ces prophètes, pourtant ils se sont précipités. Je ne leur ai pas parlé, pourtant ils ont prophétisé. S'ils avaient assisté à mon conseil, ils auraient pu transmettre mes paroles à mon peuple, le faire renoncer à sa mauvaise conduite, à la méchanceté de ses agissements.

Suis-je un Dieu qui ne considère que les réalités proches, déclare l'Éternel, ne suis-je pas un Dieu qui voit aussi de plus loin? Quelqu'un pourrait-il se dissimuler dans des cachettes sans que moi, je ne le voie? déclare l'Éternel. Est-ce que je ne remplis pas le ciel et la terre? déclare l'Éternel. J'ai entendu ce que disent les prophètes qui annoncent des faussetés comme si cela venait de moi en disant: 'J'ai eu un rêve! J'ai eu un rêve!' Jusqu'à quand ces prophètes auront-ils à cœur de prophétiser des faussetés, de prophétiser des supercheries de leur invention? Ils veulent faire oublier mon nom à mon peuple par les rêves qu'ils se racontent les uns aux autres, tout comme leurs ancêtres ont oublié mon nom au profit de Baal.

Que le prophète qui a reçu un rêve le raconte et que celui qui a reçu ma parole la rapporte fidèlement! Pourquoi ajouter de la paille au blé? déclare l'Éternel. Ma parole n'est-elle pas comme un feu, déclare l'Éternel, comme un marteau qui pulvérise la roche?

Voilà pourquoi j'en veux aux prophètes qui se volent mutuellement mes paroles, déclare l'Éternel. J'en veux aux prophètes qui remuent leur langue pour imiter une déclaration solennelle de ma part, déclare l'Éternel. J'en veux à ceux qui prophétisent à partir de rêves pleins de fausseté, déclare l'Éternel. Ils les répètent et ils égarent mon peuple par leurs mensonges et par leur vantardise. Moi, je ne les ai pas envoyés et je ne leur ai pas donné d'ordre. Ils ne sont vraiment d'aucune utilité à ce peuple, déclare l'Éternel. » Jérémie 23.16-32

Ce passage conséquent des Écritures met en garde les prophètes qui ne doivent dire que ce qu'ils reçoivent de la part de Dieu. Quand nous interprétons correctement les Écritures, nous pouvons dire « ainsi parle l'Éternel » et il s'agit vraiment de ce qu'Il veut dire.

Pour vivre correctement, nous devons croire correctement

À quel point est-ce que la vérité est importante pour nos vies? Quand nous croyons ce qui est vrai, alors nous pouvons vivre correctement. Nous ne serons pas trompés ; nous ne serons pas déçus. Mais qu'en sera-t-il si nous croyons quelque chose de faux, et que nous vivons nos vies en accord avec cette fausse compréhension? Alors nos vies ne refléteront pas la réalité de Dieu. Nous ne serons pas de vrais témoins de Dieu.

Certains disent que ce qu'on croit n'a pas vraiment d'importance du moment qu'on est sincère. Les personnes sincères dans les religions non-chrétiennes et les sectes ont de fausses croyances sur Jésus. En général Il n'est pas le Fils de Dieu, ou Il n'est pas Dieu. L'apôtre Jean dit que si leurs croyances sur Jésus sont fausses, alors ils n'ont pas Dieu.

> « Qui est menteur? N'est-ce pas celui qui nie que Jésus est le Messie? Tel est l'Antichrist, celui qui nie le Père et le Fils. Si quelqu'un nie le Fils, il n'a pas non plus le Père; celui qui se déclare publiquement pour le Fils a aussi le Père. » 1 Jean 2.22-23

Ceux qui nient que Jésus est Dieu n'ont pas le Père. Ils tiennent peut-être le Dieu qu'ils comprennent, mais en réalité, ils sont grandement trompés et dupés. Ils n'ont pas le vrai Dieu. Ils croient être justifiés devant Dieu quand, en réalité, ils s'opposent à Lui. Un exemple classique est celui de Saul de Tarse qui croyait qu'il servait Dieu lorsqu'il persécutait ceux qui croyaient en Jésus. Par conséquent, être sincère ne suffit pas, il nous faut la vérité. Pour vivre correctement, nous devons correctement comprendre les Écritures.

Une interprétation correcte conduit à une mise en pratique correcte

Ceci est étroitement lié au point précédent. Qu'arrive-t-il si nous nous trompons sur le sens d'un texte? Les mises en pratique seront également fausses. Nous finissons par faire quelque chose que Dieu ne nous a pas dit de faire.

Le dirigeant d'un mouvement d'églises a lu dans Deutéronome 16.16 que «On paraîtra devant l'Eternel les mains vides.» Ça l'a frappé et il a trouvé cela particulier. Il s'est demandé

« Pourquoi apparaître devant l'Éternel les mains vides? » Il a décidé que ça voulait dire ne pas avoir son propre agenda devant l'Éternel; qu'il fallait chercher Sa face et lui dire « Dieu, nous voici, les mains vides, remplis nos mains avec Tes objectifs. » Il a enseigné cela à ses pasteurs lors de leurs conférences, et pendant des années, ils ont fait cela lorsqu'ils se sont réunis.

Ce n'est que des années plus tard que le dirigeant a constaté qu'il avait mal lu le verset. Il dit « On ne paraîtra pas devant l'Éternel les mains vides. » Son observation était fausse, son interprétation était donc fausse, et sa mise en pratique était donc fausse aussi. C'est une bonne idée de rechercher le Seigneur concernant Ses objectifs, mais le verset n'enseigne pas ça.

Nous voulons comprendre ce que Dieu dit pour que nous puissions correctement mettre en pratique l'enseignement.

Il est plus facile d'interpréter après avoir beaucoup observé

Observer beaucoup et rigoureusement va nous aider à arriver à l'interprétation correcte. Plus nous observons, posons des questions et trouvons les réponses, plus il sera facile de dire « voilà ce que le texte nous dit ». Moins nous passons de temps dans l'observation, plus il nous faut deviner. Il y a alors plus de risque parce que nous ne comprenons pas vraiment ce que le texte nous dit.

Quand nous avons beaucoup d'observations, elles nous conduisent à la bonne interprétation parce qu'elles éliminent toutes les autres. L'interprétation correcte doit prendre en compte tout ce que nous avons vu dans le texte. Si notre interprétation contredit une observation, alors elle ne peut être l'interprétation juste. Le vrai sens d'un texte doit être à la

ANNONCER CORRECTEMENT LA PAROLE DE VÉRITÉ

bonne taille comme la chaussure en verre de Cendrillon. C'est un conte de fées, je sais, mais très à propos ici.

Pour ceux qui ne connaissent pas cette histoire, un prince essayait de retrouver une très belle fille qui l'avait laissé, mais qui en partant avait oublié une unique chaussure en verre. Le prince ne connaissait ni son nom, ni là où elle habitait. Il décida qu'il chercherait à travers tout le royaume la fille à qui cette chaussure allait. Beaucoup de femmes essayèrent alors de forcer leur pied à rentrer dans cette chaussure, mais ces pieds étaient soit trop grands, soit trop petits. Seule la fille à qui cette chaussure allait parfaitement était la bonne. Le prince finit par la trouver et ils vécurent alors heureux le restant de leurs jours.

Le point à comprendre est le suivant: la bonne interprétation va convenir naturellement. Nous n'essayons pas de trouver n'importe quel sens ou de forcer les Écritures à convenir à notre théorie. Nous essayons de trouver le vrai sens. Il devrait en être comme de cette histoire: la bonne fille met la chaussure en verre, et elle est parfaitement à la bonne taille. Nous ne devons pas pousser ou tordre les Écritures pour que notre interprétation « rentre ». Ça doit être la taille parfaite. Ça doit correspondre à toutes nos observations. Ça doit correspondre au contexte de tout le reste des Écritures. Si une interprétation est en conflit avec un autre verset ou passage, alors ça ne peut pas être juste. Nous devons y retourner et observer encore, pour trouver davantage d'observations qui nous conduiront au sens juste.

Ceci est donc une leçon importante: plus nous passons de temps à observer, moins il nous faut de temps pour interpréter.

Dangers à éviter lors de l'interprétation

Mal lire le texte. « L'amour de l'argent est en effet à la racine de tous les maux », ou « L'argent est la racine de tous les maux » ? Ne pas savoir ce que le texte dit est le péché impardonnable de l'interprétation. Ça montre que vous n'avez vraiment pas fait vos devoirs. Vous avez sauté la première étape de l'étude biblique: l'observation.

Déformer le texte. Déformer: Tordre pour changer le vrai sens. Faire dire au texte ce que vous voulez lui faire dire, pas ce qu'il dit en réalité.

Contredire le texte. C'est arriver à une interprétation contraire à ce que Dieu a vraiment dit, comme le serpent dans Genèse 3.1-4, ou quelque chose qui va à l'encontre du caractère de Dieu.

Subjectivisme. Le sens du texte est dans le texte, pas dans le sentiment que j'ai sur ce que dit le texte. Le texte a un sens qui est celui que l'auteur voulait qu'il ait: un sens, pas plusieurs sens à la fois. Il y a peut-être plusieurs manières de le mettre en pratique, mais le texte n'a qu'un seul sens.

Relativisme. Le sens du texte ne change ni avec le passage du temps, ni avec les changements de culture, de technologie, ou de la morale d'une société. Le sens que le texte avait lorsqu'il a été écrit est le même aujourd'hui.

Excès de confiance. La fierté rend l'homme arrogant et inéducable. « Personne ne peut comprendre les Écritures s'il n'a pas déjà vécu cent ans avec elles. Ceci est vrai. Nous sommes tous des mendiants. » (Note trouvé dans la poche de Martin Luther après sa mort.) Au fur et à mesure que notre connaissance grandit, notre humilité devrait grandir en parallèle. Est-ce que nous savons tout? Un enseignant doit être éducable.

Identifiez le type de texte que vous étudiez.

Exposition. De la communication simple basée sur des faits. Les Épîtres sont généralement composées de doctrine suivie de mise en pratique. Les raisonnements avancent jusqu'à une conclusion. Il y a un « fil rouge » de continuité.

Récit et Biographie. Un récit d'évènements, d'incidents, et de la vie de certaines personnes. Cherchez l'intrigue (ce qui arrive), la caractérisation (qu'arrive-t-il aux personnes dans le récit? comment est-ce qu'elles changent ou ne changent pas?), qu'est-ce qui est conforme à la vraie vie (quelles questions sont posées par le texte? comment les hommes réagissent face aux problèmes? quelles leçons les protagonistes apprennent?).

Paraboles. Une parabole est une histoire courte qui illustre un principe moral. Cherchez le principe, un peu comme la clé d'une histoire drôle.

Poésie. Cherchez le parallélisme dans la poésie hébraïque: rimes d'idées, pas de mots. Parfois elle répète une idée (Psaumes 103.15), parfois elle développe une idée. Elle peut aussi opposer deux idées (voir au chapitre 3). La sagesse est l'art de vivre correctement et de manière belle, en attachant de l'importance aux actions et à leurs conséquences. Il est difficile de vivre correctement. Il est facile de mal vivre.

Prophétie et écriture apocalyptique. Il s'agit principalement de Daniel et du livre de l'Apocalypse. Deux facettes du message: une mise en garde sur la situation au moment où le texte est écrit, et une description de la situation dans le futur. Cherchez des accomplissements partiels et complets. Les symboles trouvés dans l'Apocalypse sont souvent trouvés avant, ailleurs dans les Écritures, ce qui aide à les interpréter. Évitez d'être trop dogmatiques à propos d'interprétations détaillées. Cherchez la vision d'ensemble de l'action.

Qu'est-ce qui va garder votre interprétation juste?

Contenu. Savoir ce que le texte dit va vous empêcher de déformer le texte. Ne partez pas dans des abstractions trop éloignées du texte.

Contexte. Le contexte est l'ensemble de ce qui est écrit ou dit, et qui précède ou suit un mot ou un passage pour en clarifier le sens. Regardez un passage à la lumière d'un chapitre ou d'un passage plus grand pour en voir le sens.

En littérature, c'est ce qui se passe avant et après un texte.

En histoire, c'est l'époque du texte.

En géographie, c'est l'endroit où il a lieu. Quel type de terrain? À quelle distance? À quelle profondeur? À quelle hauteur?

En théologie, que savaient les hommes de l'époque au sujet de Dieu?

Comparaison. Utilisez des livres de référence pour obtenir des données, des faits: dictionnaires bibliques, atlas, manuels.

Utilisez une concordance pour vérifier l'usage des mots, les contextes, où certaines personnes sont mentionnées dans les Écritures.

Utilisez des commentaires. Regardez si les écrivains sont d'accord avec votre interprétation. Trouvez des informations de la part d'hommes qui ont creusé dans la littérature et qui résument différents points de vue. Cherchez à en apprendre plus sur les langues, la culture, différentes lectures du texte, etc... Mais utilisez toutes ces aides à la fin plutôt qu'au début. Nous voulons premièrement observer le texte par nous-mêmes avant de regarder ce que d'autres en disent.

(Ces idées viennent du livre « Living by the Book » par Howard Hendricks et William Hendricks, Moody Press, Chicago, 2007. C'est, à mon avis, le meilleur livre pour apprendre à étudier la Bible. Je vous encourage à l'acheter, si vous pouvez lire l'anglais, pour apprendre avec un vrai expert en la matière!)

6. Et maintenant? Mettre en pratique

Nous avons travaillé dur pour observer le texte des Écritures. Nous avons travaillé dur pour interpréter, pour pouvoir dire « voilà ce que le texte dit. » Maintenant que nous avons trouvé le sens du texte, nous allons faire un pas de plus et le rendre pratique. Nous posons alors cette question: « Qu'en est-il si c'est vrai? Qu'est-ce que je suis supposé faire à la lumière de ceci? ».

Parfois les implications de notre prédication ne seront pas claires. Ceux qui nous écoutent ne sauront pas comment y réagir. Ça a été le cas pour Pierre dans Actes 2.37: « Après avoir entendu ce discours, ils eurent le cœur vivement touché et dirent à Pierre et aux autres apôtres: "Frères, que ferons-nous?" ».

Pierre n'était pas un mauvais enseignant, au contraire, il faisait un travail excellent. Mais après l'avoir entendu, les personnes présentes avaient besoin de savoir comment agir. Pierre leur a indiqué la mise en pratique de sa prédication, la réponse à la question « Puisque c'est vrai, que devons nous faire maintenant? ». C'est ce que nous voulons apprendre à faire.

Trouvez les principes et les commandements dans le texte et appliquez-les

Le but de l'étude est de mettre l'enseignement en pratique. Si tout ce que nous faisons, c'est d'écouter le message mais sans faire ce qu'il nous dit de faire, alors nous nous trompons nous-mêmes. Nous voulons encourager ceux qui nous écoutent à répondre à Dieu.

Posez des questions, exprimez l'application par une question.

Qu'arrivera-t-il si nous faisons ce que la Parole dit? Que se passera-t-il si nous ne le faisons pas?

Demandez ce que Dieu veut que vous fassiez en réponse au passage.

Y a-t-il un **exemple** à suivre?

Y a-t-il un **péché** à éviter?

Y a-t-il une **promesse** à laquelle prétendre?

Y a-t-il une **prière** à répéter?

Y a-t-il un **commandement** auquel obéir?

Y a-t-il une **exigence** à atteindre?

Y a-t-il un **verset** à apprendre par cœur?

Y a-t-il une **erreur** à bien remarquer?

Y a-t-il un **défi** à relever?

Mettez-vous « au milieu » du texte et appliquez-le à votre propre vie. Ce qui s'applique à vous s'applique souvent aux autres.

7. De l'étude à la prédication

Jusqu'à ici, nous avons fait des études de mots et des observations pour arriver à une interprétation du texte. Notre objectif est de comprendre l'idée principale, et de comprendre la relation entre les autres points et l'idée principale. Exposer les grandes lignes est un outil pour analyser. Le message est déjà là, dans le texte. Nous voulons maintenant maîtriser la structure de notre texte. Le plan du texte sera notre point de départ pour la prédication.

Faites un plan du passage

A. Faites une ébauche des idées par écrit, trouvez les interruptions naturelles dans le texte.

B. Cherchez les idées, déclarations, et raisons. Comptez le nombre de points principaux.

C. Décidez quels autres points sont à ranger sous chaque point principal.

D. Trouvez comment les idées s'articulent les unes par rapport aux autres, et alors, seulement, cherchez le titre principal pour le passage.

Déterminez ce qui doit être enseigné - L'intention

A. Posez-vous la question: « Qu'est-ce qu'un chrétien doit savoir sur ce passage? Que doit-il faire? ». Faites une liste.

B. Quels principes ce passage nous enseigne? Faites une liste.

Votre travail est d'apprendre aux personnes les concepts et les principes extraits du passage.

La structure d'une prédication: le début, le milieu, la fin

A. Le début: Faites une introduction

1. Montrez à ceux qui écoutent que le passage en question les concerne. Pourquoi est-ce que nous regardons le passage en question plutôt qu'un autre? Pourquoi doit-on écouter ce que les Écritures ont à dire?

2. Montrez le contexte. Si vous faites une série d'enseignements, comment est-ce que ce passage s'insère dans le contexte? Il faudra peut-être faire un petit récapitulatif pour être sûr que les auditeurs comprennent l'idée, mais faites court.

3. Soyez brefs et percutants! Utilisez bien vos vingt-cinq premiers mots.

4. Créez un intérêt. Posez des questions. Créez une tension que la prédication va résoudre.

5. Ne soyez pas freinés par le besoin d'écrire l'introduction. Si vous n'avez pas beaucoup de temps, écrivez l'introduction en dernier. Vous aurez alors une meilleure idée sur comment commencer votre prédication.

6. Vous pouvez lire le passage des Écritures sur lequel vous allez enseigner, pour que les auditeurs puissent l'entendre dans son contexte avant l'étude. Ou alors, vous pouvez lire le passage en plusieurs parties, enseignant sur chaque partie à la fois, avant de présenter une mise en pratique pour le passage complet à la fin.

B. Le Milieu: C'est ce que vous voulez enseigner.

1. Il devrait y avoir un fil rouge, une sorte de progression logique où chaque point complète la compréhension globale. Une idée devrait mener vers la suivante. Ça ne devrait pas être un fouillis d'idées que l'auditeur doit connecter lui-même au reste.

2. Expliquez le texte en donnant des preuves et des idées trouvées lors de votre préparation pour que la dynamique du texte soit claire. Présentez des mises en pratique tirées de certaines parties du texte.

C. La Fin: Résolvez la tension, donnez un caractère définitif.

1. Faites atterrir l'avion, ne tournez pas en rond au-dessus de la piste.

Ce que je veux dire par là: terminez franchement. J'ai lu, à propos de John Coltrane, un musicien de jazz, connu pour ses solos d'une demi-heure, qu'il s'était plaint à Miles Davis: « Je ne sais pas comment finir mes solos! »

Miles lui a répondu « Enlève ton saxophone de la bouche! »

Terminez votre message. Ne tournez pas en rond. Il ne faut pas juste s'arrêter de parler. Nous devrions avoir des messages qui présentent une idée précise comme conclusion. Au lieu d'improviser une sorte de fin, nous devrions avoir une bonne idée de ce à quoi nous voulons arriver pour pouvoir y amener ceux qui nous écoutent.

Ne dites jamais: « Et ça sera vraiment mon dernier point. » Dire ça distrait et détourne l'attention du message vers l'horloge. Ne travaillez pas contre vous-mêmes. Si vous vous apercevez que vous prenez trop de temps, accélérez un peu, arrivez à votre conclusion et terminez.

2. Appliquez les Écritures

Le message indique quelque chose à reconnaître, dans lequel croire, ou quelque chose à faire. Présentez une mise en pratique, quelque chose de très concret. Posez la question « Est-ce que vous faites cela ? »

3. D'autres manières de terminer :

Un résumé, une illustration, une citation, une question, une prière.

Présentez votre idée

Il n'y a pas mille manières pour que votre idée principale soit bien comprise par quelqu'un d'autre, pour qu'une personne saisisse bien le message que vous voulez leur enseigner.

Répétez. Dites encore la même chose. Les personnes qui vous écoutent ne peuvent pas rembobiner pour réécouter une de vos déclarations à nouveau. Insistez sur une déclaration en la répétant plusieurs fois pendant l'enseignement.

Reformulez. Dites la même chose mais avec d'autres mots. Autrement dit, répétez l'idée mais en changeant le vocabulaire. Trouvez une nouvelle manière d'exprimer une idée vous permet d'insister dessus sans que ça ne devienne ennuyant.

Définissez. Une définition établit ce qui doit être inclus et exclu par un terme ou une définition. Un mot peut être abstrait. Votre travail est de rendre les mots concrets. Utilisez des exemples.

Expliquez. Comment est-ce que ça marche ? Quel en est la taille ? Combien ? Qu'est qu'une idée implique ? Comment est-ce qu'une idée influence d'autres idées ? Utilisez des exemples.

Prouvez. Utilisez des observations, des exemples, des statistiques et d'autres données qui peuvent être vérifiés indépendamment de l'enseignant. Rendez vos idées concrètes avec des exemples pratiques. Et vérifiez bien vos preuves !

Soixante-sept pour cent de toutes les statistiques citées sont fausses! Je viens d'inventer cette statistique!

Racontez une histoire. Réitérez-en l'action. Amplifiez, actualisez, faites ressortir les côtés fidèles à la réalité. Utilisez une histoire pour donner des détails sur le lieu, les personnages ou le contexte historique concernant un passage. Utilisez vos propres expériences, mais en évitant quand même d'être le héros. Si vous utilisez les mêmes histoires à chaque fois, vous allez ennuyer vos auditeurs. N'utilisez des histoires concernant votre famille ou vos amis que si vous avez leur autorisation.

Illustrez. Une illustration est comme une fenêtre qui laisse entrer la lumière dans une pièce. Ça doit rendre une idée claire. Reformulez, expliquez, prouvez ou appliquez certaines idées par rapport à des expériences ou des choses qui sont facilement compréhensibles. Vous pouvez expliquer en utilisant des exemples de la Bible, de vos lectures, de votre expérience personnelle, de vos observations dans la vie, etc... Toute la création peut servir pour illustrer des concepts spirituels.

Citez. Citez d'autres auteurs s'ils ont dit quelque chose d'une manière si appropriée que vous ne pouvez pas l'améliorer. Ne faites pas un effort particulier pour trouver des citations. Laissez les citations se présenter naturellement à vous dans vos lectures, sinon ça peut paraître forcé.

Utilisez l'humour. Racontez une blague, soyez un peu sarcastique ou ironique, mais faites attention de rester convenable. C'est facile d'en faire trop. Il ne faut pas que ça soit trop léger ou futile. Il faut que l'humour soit naturel.

Préparez vos notes

Vos notes sont là pour vous aider à vous rappeler ce que vous voulez dire et vous éviter de faire du hors-sujet pour que votre prédication soit claire, compréhensible et quelque chose que les auditeurs pourront retenir. C'est quelque chose de très concret pour que vous puissiez faire un travail spirituel de grande qualité.

Options de format pour vos notes

Les grandes lignes. C'est un format qu'on pourrait décrire comme « moins, c'est mieux ». Décidez si une idée est un point principal, ou un point secondaire, etc... Quand votre pensée est claire, vous pouvez parler clairement. Si c'est trop confus, vous allez perdre vos auditeurs dans cette confusion. Décidez quels sont les idées principales et les points qui viennent les soutenir.

Établir ces grandes lignes peut aider à clarifier, organiser et éclairer la structure pendant que vous préparez votre message.

Avantage: La structure est plus claire. C'est plus facile à suivre visuellement. Il est plus facile de partager la prédication.

Désavantage: Si votre plan n'a pas suffisamment de détail, vous pouvez oublier quelque chose que vous vouliez dire.

Écrire la prédication complètement. Ça veut dire tout écrire de l'introduction à la fin.

Avantage: Penser aux paragraphes aide. Écrire vous permet de bien travailler vos raisonnements, comment vous voulez exprimer certaines choses. Ça aide aussi à décider comment articuler les transitions. Vous pouvez aussi dévier de votre prédication écrite si le Saint-Esprit vous inspire quelque chose à ajouter pendant que vous enseignez.

Désavantage: Écrire clairement demande de la discipline. C'est difficile de sauter certains points pour réarranger le message pendant que vous parlez, ce qui peut arriver. Être trop lié à ce que vous avez écrit peut limiter votre liberté.

Pas de notes du tout. Certains préfèrent laisser le Saint-Esprit utiliser leur préparation et leur don de prophétie. Cette méthode peut vous aider si avoir des notes vous distrait. Parfois Dieu peut aussi se servir de ça pour que nous soyons plus dépendants de Lui. Un désavantage de cette méthode est que si nous ne sommes pas rapides dans nos réflexions, le message peut être ennuyeux. On peut se perdre dans ses réflexions et faire perdre le fil aux auditeurs pendant qu'on dit les choses qui nous viennent à l'esprit. Il est plus facile pour les auditeurs de suivre ce que nous disons quand nous sommes bien organisés.

Expérimentez jusqu'à ce que vous trouviez ce qui marche le mieux pour vous.

Priez pour avoir des idées. Lisez des livres sur comment enseigner. Travaillez pour trouver votre méthode. Ça vous permettra d'être prêt et d'avoir moins de choses auxquelles penser si vous êtes pressés.

Considérations pratiques pour vos notes

Choisissez une taille de page adaptée. Pensez à l'endroit où vous enseignez. Est-ce que vous avez un bureau ou un pupitre? Ou est-ce que vous tenez votre Bible à la main? Il faut que le papier puisse être utilisé pour enseigner avec le plus d'efficacité possible.

Écrivez de manière lisible! Vous devez pouvoir lire vos propres notes! Elles doivent vous aider, pas vous rendre la vie plus difficile.

Illustrations. Écrivez toutes les histoires et les illustrations avec suffisamment de détail pour vous rappeler ce que vous voulez dire. Ce dont vous vous rappelez maintenant sera peut-être un mystère demain ou dans un an.

Combien de pages compte votre prédication? Autant qu'il vous faut. Gaspillez des forêts s'il le faut! Observez ceux qui vous écoutent. Remarquez combien ils peuvent absorber. C'est pas la peine de continuer à verser s'ils sont déjà comme des verres pleins qui débordent.

Après un moment vous connaîtrez la longueur moyenne de vos prédications et vous pourrez déterminer la durée de l'étude en fonction du nombre de pages. Dans une église où j'ai enseigné pendant sept ans, quatre feuilles A4 suffisaient en général. Si je dépassais ces quatre feuilles je commençais à me demander si j'arriverais à tout enseigner en une session. Si vous arrivez à plus de contenu qu'à votre habitude, pensez peut-être à couper la prédication en deux pour vous concentrer sur la première partie.

Révisez vos notes. Lisez-les plusieurs fois. L'objectif n'est pas de faire de vous un artiste, mais plutôt de bien vous familiariser avec votre prédication. Quand vous maîtrisez bien la structure de votre prédication, vous ne ferez pas d'erreurs en oubliant certaines idées importantes. Essayer de revenir à une idée importante peut casser votre fil conducteur logique et embrouiller les auditeurs. En lisant vos notes vous pouvez aussi trouver que quelque chose est bien écrit mais ne correspond pas vraiment à votre manière de vous exprimer. Vous pouvez alors le réécrire pour que ça soit plus naturel.

Si nécessaire, écrivez dans les marges de vos notes en rouge. Indiquez les transitions. Faites-vous des notes, par exemple: « lire les versets 3 à 7 ici ».

Vos notes doivent servir vos besoins. Elles ne doivent ressembler à celles de personne d'autre. Vous n'allez pas enseigner comme quelqu'un d'autre.

La méthode de Rob

J'utilise une Bible imprimée en gros caractères. C'est très lisible sur le pupitre. Avant, j'écrivais des notes en petits caractères sur une seule feuille de papier parce que mon pasteur m'avait montré ses notes. Je pensais que c'était ce qu'il fallait faire. Plus tard, je me suis dit « Pourquoi est-ce que je devrais le faire comme ça? Je n'arrive même pas à relire mes notes! Je devrais avoir des notes qui m'aident, pas qui me desservent. »

J'utilise des feuilles de papier brouillon au format A5. Cette taille rentre dans la Bible que j'utilise pour enseigner. De cette manière mes notes sont moins flagrantes que de grandes feuilles. J'utilise du papier brouillon parce que je peux le jeter si je suis coincé et que je veux recommencer. Je peux aussi en découper une partie et l'agrafer à une nouvelle feuille pour continuer.

Le papier est déjà perforé. Ça m'évite d'écrire des mots et de les perdre plus tard quand je perfore les feuilles pour les mettre dans mon classeur. Je sauvegarde tout ce que je fais. J'ai trop travaillé pour tout jeter après. Je peux utiliser un message plus tard si je dois enseigner ailleurs. Je m'écris une petite note si je pense que Dieu a particulièrement béni le message. Si Dieu a béni une fois, Il peut sans doute bénir à nouveau si je pense qu'Il veut que j'enseigne la prédication à nouveau. Je note aussi les messages qui, à mon avis, n'ont pas bien « marché ».

J'utilise un mélange de plan et d'écriture complète. Le plan m'aide à structurer le message avec une suite de développements logiques dans mes pensées. Puis j'écris mot-à-mot ce que je veux dire. Comme ça mes points sont bien pensés, les transitions se font facilement et je sais comment je veux exprimer les choses plutôt que d'avoir à trouver les formulations en direct pendant l'enseignement. Je veux utiliser les choses que Dieu peut me donner pendant que j'enseigne, comme une parole de connaissance, une parole de sagesse ou une prophétie, mais quoiqu'il arrive j'ai un message déjà solide même si Dieu n'y ajoute rien de particulier. Ça me permet aussi de retrouver le fil de ma pensée si Dieu me donne quelque chose en plus à dire.

Je marque dans ma Bible les pages des passages que je veux citer pendant le message (si je ne les écris pas complètement dans mes notes). Je ne veux pas avoir à chercher les passages pendant que j'enseigne.

Je fais confiance à Dieu pour m'accorder son onction pendant que j'étudie et pendant que j'enseigne.

8. L'habitude de la croissance

Enseigner toute la Bible peut sembler être une tâche insur-
montable. Il faut de la profondeur et de l'expérience. Il faut
comprendre la Bible. Comment l'obtenir? Je pense souvent:
« Ça serait génial de commencer le ministère comme un enseignant de 60 ans qui a déjà 40 ans d'expérience! »

Il n'y a pas de manière instantanée pour apprendre à enseigner la Bible. Mais on peut se développer dans cet exercice.

Dieu a conçu la vie pour que nous naissions petits et que
nous ayons besoin de grandir et de nous développer. Une
partie de notre croissance vient de Dieu et une partie est le
fruit de notre travail. Dieu donne la vie et le potentiel. Nous
nous exerçons et apprenons et grandissons. En pratiquant le
don de l'enseignement, nous allons nous améliorer.

L'enseignement est un don du Saint-Esprit qu'il donne
selon sa volonté. Soit vous avez ce don, soit vous ne l'avez pas.
Le ministère n'est pas quelque chose qu'on choisit. Il nous
choisit. Comment savoir si vous avez ce don? Parce que vous
le faites naturellement. Vous avez été créé par Dieu comme
ça. Vous avez la capacité de permettre à quelqu'un d'apprendre
quelque chose. Vous avez la patience de travailler avec une
personne jusqu'à ce qu'elle ait saisi. Vous avez de la joie quand
elle maîtrise un concept et commence à agir en conséquence.
Vous avez aussi le désir d'apprendre. Un jour, mon pasteur
m'a dit que si on a le don d'enseigner, on doit aussi avoir le

don d'étudier. Ça va ensemble. Si vous détestez étudier et apprendre, alors il n'est pas logique que Dieu veuille faire de vous un enseignant.

Dieu veut nous faire grandir et nous développer par ce qu'Il nous donne. Il nous donne des muscles. Nous pouvons grandir en les utilisant. Le contraire est aussi vrai: nous pouvons gaspiller ces muscles si nous ne les utilisons pas. Tout ce que nous avons va soit grandir parce que nous l'utilisons, soit dépérir parce que nous ne l'utilisons pas.

Dieu nous donne un potentiel formidable: la vie, nos esprits, nos corps, Son Esprit-Saint pour nous donner les moyens. Et nous faisons alors de ce potentiel une réalité: nous vivons, nous nous entraînons, nous nous développons et nous grandissons.

En faisant tout ça, nous développons nos vies. Nos vies font partie de notre ministère d'enseignement. L'enseignement vient de nos vies. Ce que nous disons doit être semblable à ce que nous vivons. Autrement nous disons une chose avec nos bouches mais autre chose avec nos vies. Il faut donc préparer nos vies pour enseigner en même temps que nous préparons nos messages.

Voilà quelques pratiques pour être sûr de grandir.

Lisez pour être familiarisés avec toute la Bible

C'est si simple qu'on peut passer à côté: lisez la Bible tous les jours tout le reste de votre vie. Plus vous lisez, plus la Bible vous sera familière. Plus vous la connaissez, plus le Saint-Esprit peut vous enseigner en vous montrant des connexions dans la Parole.

Lisez pour que ça devienne familier, pas forcément pour tout comprendre. Les chrétiens pensent qu'ils doivent comprendre tout ce qu'ils lisent. Au lieu de ça, continuez à lire et ne vous en faites pas si vous ne comprenez pas tout. La compréhension viendra plus tard. Vous pouvez vous préparer pour grandir dans ce domaine aussi. Mais il faut déjà être familier avec toute la Bible, même les passages que vous ne comprenez pas. Au moins vous serez habitués aux questions.

Adoptez un système de lecture. Faites-en une habitude journalière. En persévérant, vous serez très habitués à la Bible. Votre vie en bénéficiera, ainsi que votre enseignement par la suite.

Le système dépend du type de personne que vous êtes. Chacun est différent. Certains sont très méthodiques, d'autres pas. David ne pouvait pas utiliser l'armure de Saul. Il a combattu Goliath, mais il devait le faire à sa manière. Il ne s'agit pas de commandements stricts. Expérimentez avec ces suggestions pour trouver ce qui marche pour vous.

Je le dis parce que j'ai essayé plein de systèmes mais qui n'ont pas vraiment fonctionné pour moi. Par exemple, j'essayais de lire la Bible en un an, mais je finissais toujours par avoir du retard, puis trop de retard. C'était décourageant.

Ce qui marche le mieux pour moi est très simple. Je lis le Nouveau Testament le matin quand je me lève. Je lis l'Ancien Testament le soir avant de me coucher. De cette manière je suis dans les deux parties de la Bible en même temps. L'Esprit-Saint peut relier quelque chose que j'ai lu le matin à quelque chose le soir ou l'inverse. J'ai des marque-pages là où je lis et je peux ainsi continuer à lire la suite facilement. Quand je finis l'Apocalypse, le lendemain matin je commence Matthieu. Quand je finis Malachie, le lendemain soir je reprends dans la Genèse.

Si vous utilisez ce système en lisant trois chapitres le matin et trois le soir, vous lirez alors l'Ancien Testament deux fois par an et le Nouveau Testament trois fois par an. En faisant ça pendant dix ans, vous aurez lu l'Ancien Testament vingt fois et le Nouveau Testament trente fois. Est-ce que vous pensez que la Bible vous sera plus familière à ce moment là?

Si vous avez déjà une méthode de lecture, persévérez! Si vous n'en avez pas, essayez celle-ci et adaptez-la à vos besoins. Par exemple, ma femme a trouvé que si elle lisait l'Ancien Testament le soir, elle s'endormait tout de suite. Ça la dérangeait. Elle a donc changé pour lire l'Ancien Testament le matin quand elle était mieux réveillée, et le Nouveau Testament le soir. Les détails de comment nous le faisons n'importent pas, tant que nous le faisons. Faites des essais avec différent systèmes pour trouver comment lire régulièrement la Bible.

Prenez la décision de vous familiariser avec la Bible. Un voyage de mille kilomètres commence avec un pas. En vous familiarisant avec la Bible, vous allez grandir dans votre vie et dans votre enseignement.

Étudiez pour grandir en connaissance.

Votre connaissance grandit quand vous prenez le temps d'étudier la Bible. C'est là que vous prenez le temps de lire attentivement, de poser des questions, de chercher la définition des mots, d'utiliser des livres de référence, de trouver la réponse aux questions que vous vous posez. Plus vous apprenez, plus vous pouvez grandir dans votre vie et dans votre enseignement.

Les outils pour étudier peuvent être: un dictionnaire dans votre langue, une concordance biblique, un dictionnaire biblique ou une encyclopédie. Pour moi, le dictionnaire est vraiment très utile. Un enseignant communique des idées en utilisant des mots. Si nous ne savons pas ce qu'un mot veut dire, nous ne pouvons pas communiquer l'idée. Nous devons aussi aider les autres à apprendre les mots pour qu'ils puissent comprendre. On ne peut pas réfléchir correctement sans le vocabulaire approprié. Une partie du travail est donc d'utiliser les bons mots et d'être sûr que les auditeurs comprennent bien quand nous utilisons un mot. Les personnes qui composent les dictionnaires travaillent très dur pour définir correctement et précisément chaque mot. Ils indiquent les synonymes, des mots qui ont un sens similaire, et ils indiquent aussi les nuances qui différencient ces synonymes. Les dictionnaires font une grande partie de notre travail. Si vous utilisez un dictionnaire en ligne, vous pouvez chercher beaucoup de mots rapidement.

Même si je me sentais appelé à étudier la Bible, je ne savais pas comment l'étudier. Mes capacités naturelles ne suffisaient pas. Je devais me développer mais je ne savais pas comment. C'est alors que j'ai trouvé le livre « Vivre selon le Livre » (« Living by the Book ») par Howard Hendricks et William Hendricks. Howard a enseigné l'étude de la Bible pendant quarante ans au « Dallas Theological Seminary » avant d'écrire ce livre. C'est le meilleur que vous puissiez trouver pour apprendre à étudier la Bible. Achetez-le si vous pouvez lire l'anglais! Donnez ensuite mon livre à quelqu'un qui cherche comment commencer à étudier la Bible mais qui serait peut-être intimidé par un livre comme « Vivre selon le Livre ».

Méditez pour approfondir votre compréhension.

Méditer, c'est réfléchir profondément sur quelque chose afin de comprendre. C'est la dernière étape pour assimiler la Bible.

Méditer, c'est un peu comme digérer la nourriture. Nous mettons la nourriture dans nos bouches, nous mâchons, nous en apprécions le goût. Ensuite nous l'avalons et la nourriture va dans nos estomacs où les acides et les enzymes décomposent la nourriture en glucose (sucre), graisses, acides aminés (protéines) et vitamines. Ces composants sont alors assimilés par nos corps (les acides aminés deviennent des protéines, les graisses sont stockées, le sucre est utilisé comme carburant et les minéraux composent nos os), et les déchets sont éliminés. Ce que nous mangeons devient une partie de nous.

Lire la Bible et l'étudier est un peu comme mettre de la nourriture dans nos corps. Nous décomposons les phrases en mots, en cherchant les définitions pour être sûrs d'apprendre ce que ces mots disent. C'est un peu comme mâcher notre nourriture. Ensuite nous méditons. C'est comme la digestion: nous recevons les paroles de Dieu et nous les intégrons à nos vies, nos pensées, nos émotions, nos volontés et nos choix.

Si nous ne méditons pas, c'est un peu comme si nous mâchions notre nourriture avant de la recracher. Qu'arrivera-t-il si nous faisons cela?

La méditation est tellement importante que nous allons lui accorder tout le prochain chapitre.

Priez pour être en communion avec Dieu.

Je me sens incompétent pour écrire ceci parce que je ne pense pas être une grande personne de prière. Mais je suis convaincu que la prière est nécessaire, et je fais plus d'efforts pour prier que jamais auparavant.

C'est un domaine pour lequel je n'ai pas trouvé beaucoup d'aide dans les livres. Pourtant je lis tous les livres que je trouve sur ce sujet. Je pense qu'il y a une grande opposition spirituelle à la prière. Le Diable ne veut pas que nous priions. Une de ses raisons est que ne pas prier va nous causer des dommages spirituels. Nous ratons l'occasion d'être avec Dieu, de recevoir Sa vie, Sa sagesse, Sa paix, Sa perspective sur la vie et le ministère. Nous sommes perdants si nous ne prions pas. Notre manque de prière affecte aussi les autres en mal. Cela ralentit l'œuvre de Dieu. Au final, cela donne des occasions au Diable de travailler contre Dieu.

Si nous prions, le Diable en souffre, son travail est endommagé, des personnes sont libérés et transformés, et le royaume de Dieu avance.

Après un long temps de prière, j'ai trouvé une définition géniale de la prière en lisant dans la version « The Living Bible » de la Bible. Je lisais Daniel 6, les versets 11 et 12 qui disent: « Lorsque Daniel fut au courant de la rédaction de ce décret, il se retira dans sa maison, où les fenêtres de la chambre à l'étage étaient ouvertes dans la direction de Jérusalem. Trois fois par jour il se mettait à genoux, priait et exprimait sa reconnaissance à son Dieu, tout comme il le faisait avant. Alors ces hommes se précipitèrent et trouvèrent Daniel en train de prier et de supplier son Dieu. »

J'ai vu que la prière de Daniel n'était pas compliquée. Il exprimait sa reconnaissance et ses requêtes à Dieu.

La reconnaissance et la louange nous protègent.

Quand quelqu'un fait quelque chose pour vous, il est bon de le reconnaître en remerciant la personne. Quand vous ne reconnaissez pas qu'on a fait quelque chose de bon pour vous, c'est une insulte à celui qui l'a fait.

S'il en est ainsi avec les hommes, ça l'est d'autant plus avec Dieu. Souvenez-vous que Dieu a fait toute bonne chose. La bonté de Dieu est présente tout autour de nous. Est-ce que nous sommes conscients de sa bonté? Est-ce que nous le reconnaissons en Le remerciant?

C'est une des premières étapes quand on s'éloigne de Dieu comme Paul l'a dit dans Romains 1.20-12: « En effet, les perfections invisibles de Dieu, sa puissance éternelle et sa divinité, se voient depuis la création du monde, elles se comprennent par ce qu'il a fait. Ils sont donc inexcusables, puisque tout en connaissant Dieu, ils ne lui ont pas donné la gloire qu'il méritait en tant que Dieu et ne lui ont pas montré de reconnaissance; au contraire, ils se sont égarés dans leurs raisonnements et leur cœur sans intelligence a été plongé dans les ténèbres. »

Nous voulons prendre soin de montrer de la reconnaissance envers Dieu régulièrement parce que ne pas remercier Dieu est complètement contraire à Sa volonté. Le manque de reconnaissance est la première étape pour s'éloigner de Dieu, tout comme la reconnaissance est aussi le premier pas vers Dieu: « Entrez dans ses portes avec reconnaissance, dans ses parvis avec des chants de louange! » (Psaumes 100.4).

Quand nous nous demandons pour quoi nous pouvons le remercier, nous pouvons en fait le remercier pour absolument tout, même les choses que nous n'aimons pas ou que nous ne considérons pas comme bonnes. C'est ce que Paul explique dans Ephésiens 5.20: « remerciez constamment Dieu le Père pour tout, au nom de notre Seigneur Jésus-Christ ».

Ça semble peut-être fou de remercier Dieu pour des choses que nous n'approuvons pas. J'ai quand même essayé une fois. J'étais très frustré avec mon ministère et je n'arrivais à voir que ce qui n'allait pas. J'ai été repris à propos de mon manque de prière et j'ai décidé de commencer à prier avec des remerciements. J'ai réfléchi et je me suis dit « Remercier? Mais pour quoi?! » Je me suis souvenu du verset d'Ephésiens 5 et j'ai remercié Dieu pour tout ce que je considérais comme n'allant pas. J'ai alors senti toute la tension quitter mon corps. J'étais en paix.

Il m'a fallu du temps pour comprendre comment remercier Dieu et avoir la paix avec des choses qui ne me plaisaient pas. J'ai lu plus tard: « Du reste, nous savons que tout contribue au bien de ceux qui aiment Dieu, de ceux qui sont appelés conformément à son plan. » (Romains 8.28). J'ai réalisé que Dieu est capable d'utiliser les bonnes choses pour le bien, et qu'Il est même capable d'utiliser des choses dégoûtantes, puantes et pourries pour le bien. Je peux remercier Dieu pour cette chose que je n'aime pas parce qu'Il va l'utiliser pour le bien. Je n'ai pas besoin de comprendre comment. Je peux le remercier par la foi. Je peux remercier Dieu pour toutes choses et avoir la paix parce qu'Il est bon et Il va faire que toutes choses contribuent au bien.

La reconnaissance est devenue importante pour moi pour garder la bonne perspective sur la vie. Autrement je ne vois pas Dieu dans toutes choses. Je rate ce que Dieu est en train de faire. Je m'entraîne à être athée. Je veux être sûr de remarquer toutes les bonnes choses que Dieu fait et lui montrer de la reconnaissance pour ces choses.

Je dis aussi à mon groupe de prière de remercier Dieu délibérément chaque fois que nous nous réunissons. Nous ne voulons pas nous précipiter pour faire des demandes, bien que ça soit important et bon aussi. Nous voulons premièrement nous rappeler toutes les bonnes choses que Dieu fait et les reconnaître du mieux que nous pouvons.

Ensuite nous voulons demander des faveurs à Dieu. Une fois que nous Lui avons exprimé notre reconnaissance, demandons à Dieu des faveurs. Demandons que Sa volonté soit faite sur la Terre comme au ciel. Nous demanderons avec bien plus de foi, en faisant confiance à sa grande bonté, et sachant que Dieu est capable de « faire, par la puissance qui agit en nous, infiniment plus que tout ce que nous demandons ou pensons » (Ephésiens 3.20).

C'est ce que Daniel a demandé: des faveurs de la part de Dieu. Une faveur est un acte de bonté au-delà de ce qui est dû ou normal. C'est dire « Je viens te demander une faveur. » Dieu ne nous doit rien. Ses dons viennent tous de Sa grâce. On peut donc le résumer ainsi: qu'est-ce que Dieu veut faire? C'est ce que je veux demander. Je prie donc que le Saint-Esprit dirige mes prières pour que je demande ce que Dieu veut faire. C'est à ce moment là que je m'entraîne à dire « pas ce que je veux, mais ce que Tu veux. »

Père céleste, je veux confesser qu'il est plus facile de faire autre chose que de prier. Je suis désolé qu'il y ait quelque chose au plus profond de moi qui ne Te veut pas. Je ne peux pas être spirituel sans Toi. Travaille en moi pour que je T'aime de tout mon cœur, de toute mon âme et de toute ma force, et aide-moi à prier. Au nom de Jésus, Amen.

Le prochain chapitre parle de quelque chose qui aide beaucoup à prier.

9. Méditer dans la Parole

La méditation est si importante que nous voulons la consi-
dérer séparément de la lecture et de l'étude de la Bible et de
la prière. C'est quelque chose que Dieu a créé pour que nous
puissions grandir dans notre connaissance de Lui et dans
notre vie avec Lui. La différence entre la vie avec la méditation
et la vie sans elle est plus grande que la différence entre le jour
et la nuit. C'est littéralement la différence entre la vie et la
mort.

La principale idée derrière la méditation est ceci: ce que
nos vies produisent est le fruit de ce que nous mettons dans
nos vies. En assimilant la vérité de Dieu, nos vies vont être
transformées, nos vies vont être réussies, et nous allons prendre part à la vie éternelle. Est-ce que vous voulez en savoir
plus? On peut tout voir dans le Psaume 1.

1 Heureux l'homme qui ne suit pas le conseil des
méchants,
qui ne s'arrête pas sur la voie des pécheurs
et ne s'assied pas en compagnie des moqueurs,
2 mais qui trouve son plaisir dans la Loi de l'Éternel
et la médite jour et nuit!
3 Il ressemble à un arbre planté près d'un cours d'eau:
il donne son fruit en sa saison,
et son feuillage ne se flétrit pas.
Tout ce qu'il fait lui réussit.

4 Les méchants, au contraire,
ressemblent à la paille que le vent disperse.
5 Voilà pourquoi les méchants ne résistent pas lors du jugement,
ni les pécheurs dans l'assemblée des justes.
6 En effet, l'Eternel connaît la voie des justes,
mais la voie des méchants mène à la ruine.

Heureux l'homme

Ce psaume parle d'être heureux. C'est ce qui est parfois traduit par « béni » d'après le mot dans le texte original en hébreu.

Il y a une sorte de bonheur qui vient quand les choses se passent bien. Ce type de bonheur dépend des circonstances. Par exemple, je gagne à la lotterie, donc je suis heureux, parce que j'ai beaucoup d'argent. Ou alors, on me vole cet argent et je suis donc malheureux.

Les traducteurs choisissent parfois le mot « béni » parce qu'il ne dépend pas des circonstances. Il dépend de la puissance de Dieu à faire que toutes choses concourent au bien. Comme nous l'avons déjà dit, ça implique toutes les choses que nous considérons comme « bonnes » et aussi toutes les choses que nous considérons comme « mauvaises ». Dieu fait que toutes choses travaillent pour le bien, ce qui veut dire que nous ne pouvons pas perdre. Tout finira bien. Dieu l'affirme.

Mais il est possible de vivre comme s'il y avait d'autres moyens également valables pour être heureux, et donc d'ignorer le Dieu de la Bible. Les hommes qui rejettent Dieu choisissent cette voie. Ils encouragent les autres à penser de la même manière, de vivre comme s'il y avait d'autres dieux, d'autres moyens d'être heureux.

Le Psaume 1 nous dit que ces autres moyens ne fonctionnent pas. Ces autres moyens nous promettent le bonheur mais nous déçoivent au final.

Quand on suit le conseil des méchants (qui est d'être heureux par ses propres moyens, sans le Dieu de la Bible), on s'arrête sur la voie des pécheurs, ceux qui vont dans le mauvais sens. On finit par s'asseoir avec les moqueurs qui méprisent les autres avec arrogance. C'est une voie sans issue.

La chose qu'on ne trouve pas dans la voie des méchants est la satisfaction. Il n'y a pas de paix pour les méchants, ni de délices, ni de joie. Les promesses pour les impies restent inaccomplies. Elles se révèlent être des mensonges. Il n'y a que déception, aucune satisfaction. Cette voie éloigne de la lumière, de la vie, du bonheur.

Mais il trouve son plaisir dans la Loi de l'Éternel

Mais celui qui écoute la Loi de l'Éternel se délecte. C'est le cas parce que la Parole de l'Éternel est vraie. Les promesses de Dieu s'accomplissent. Il ne peut mentir. Il y a donc une vraie satisfaction, la joie et la paix pour celui qui écoute la Loi de l'Éternel. Cette personne suit le bon chemin, dans le bon sens, et arrivera au bon endroit.

Et il médite la Loi de l'Éternel nuit et jour

Celui qui écoute la Loi de l'Éternel s'en remplit et y réfléchit tout le temps. À ce moment là, il n'écoute pas le méchant quand celui-ci parle du bonheur de quelque manière que ce soit sans le Dieu de la Bible. Il se remplit de l'un et il rejette l'autre.

Il serait bizarre d'écouter Dieu pour certaines choses et le Diable pour d'autres. C'est un peu comme manger de la nourriture qui contient du poison et de dire ensuite: « Eh bien, la majeure partie n'est pas mauvaise. » On ne peut pas aller dans deux directions à la fois. Si nous sommes dans le chemin de Dieu, alors nous voulons aller dans son sens jusqu'au bout dans tous les domaines possibles.

La racine de Son chemin est d'être rempli de la Parole de Dieu

> « Alors il dit aux Juifs qui avaient cru en lui : "Si vous demeurez dans ma parole, vous êtes vraiment mes disciples." » Jean 8.31

> « Si vous demeurez en moi et que mes paroles demeurent en vous, vous demanderez ce que vous voudrez et cela vous sera accordé. » Jean 15.7

> « Pour votre part, retenez donc ce que vous avez entendu dès le commencement. Si ce que vous avez entendu depuis le début demeure en vous, vous demeurerez vous aussi dans le Fils et dans le Père. » 1 Jean 2.24

> « Que la parole de Christ habite en vous dans toute sa richesse ! Instruisez-vous et avertissez-vous les uns les autres en toute sagesse par des psaumes, par des hymnes, par des cantiques spirituels, chantez pour le Seigneur de tout votre cœur sous l'inspiration de la grâce. » Colossiens 3.16

Les bénédictions de la méditation

Maintenant nous allons voir les résultats du fait d'être rempli par la Parole de Dieu.

Il ressemble à un arbre

Je n'ai jamais rencontré quelqu'un qui souhaitait être un arbre ! Pourquoi est-ce que être un arbre est important ? Ça dépend de qui tu es actuellement.

> « Une voix a dit : "Proclame un message !" Et j'ai répondu : "Que dois-je proclamer ?" "Toute créature est comme l'herbe, et toute sa beauté comme la fleur des champs.

86

L'herbe sèche et la fleur tombe quand le vent de l'Éternel souffle dessus. Vraiment, le peuple est pareil à l'herbe: l'herbe sèche et la fleur tombe, mais la parole de notre Dieu subsiste éternellement." » Esaïe 40.6-8

Toute créature est comme l'herbe: non permanente, pas forte, présente aujourd'hui mais disparue demain.

Mais celui qui médite devient comme un arbre. Ça veut dire fort, planté en profondeur, avec une longue vie, qui donne du fruit, tout ce que l'herbe ne peut ni faire ni être.

Qu'est-ce qui est nécessaire pour changer de l'herbe en un arbre? Il faut tout changer de l'intérieur à l'extérieur. L'homme ne peut pas le faire, mais Dieu peut.

« Ne vous conformez pas au monde actuel, mais soyez transformés par le renouvellement de l'intelligence afin de discerner quelle est la volonté de Dieu, ce qui est bon, agréable et parfait. » Romains 12.2

Nous renouvellons notre intelligence en méditant la Parole de Dieu. Nous sommes transformés de personnes qui ne croient pas Dieu en ceux qui croient Dieu et qui le voient œuvrer pour eux.

Planté près d'un cours d'eau

Être planté, c'est davantage qu'un arbre posé dans la terre. Ça implique des provisions plus qu'abondantes pour l'arbre. Un arbre a besoin de terre. Il est planté dans beaucoup de terre, toute la planète, si besoin est. Un arbre a besoin de gaz carbonique. Il y a toute une atmosphère faite de gaz carbonique, bien plus que les besoins d'un seul arbre. Un arbre a besoin de lumière du soleil. Le soleil produit bien plus que ce dont aura besoin un seul arbre. Un arbre a besoin d'eau. Ce verset nous dit qu'il y a plusieurs rivières, pas une seule rivière, c'est-à-dire une surabondance d'eau pour l'arbre.

L'eau est un symbole du Saint-Esprit dans la Bible. Jésus en a parlé:

« Le dernier jour, le grand jour de la fête, Jésus, debout, s'écria: "Si quelqu'un a soif, qu'il vienne à moi et qu'il boive. Celui qui croit en moi, des fleuves d'eau vive couleront de lui, comme l'a dit l'Écriture." Il dit cela à propos de l'Esprit que devaient recevoir ceux qui croiraient en lui. En effet, l'Esprit [saint] n'avait pas encore été donné parce que Jésus n'avait pas encore été élevé dans sa gloire. » Jean 7.37-39

Est-ce que vous vous êtes déjà demandés comment l'Esprit-Saint pouvait couler de votre cœur? Si vous vous remplissez de la Parole de Dieu, Il le fera.

« C'est l'Esprit qui fait vivre, l'homme n'arrive à rien. Les paroles que je vous dis sont Esprit et vie. » Jean 6.63

« En effet, la parole de Dieu est vivante et efficace, plus tranchante que toute épée à deux tranchants, pénétrante jusqu'à séparer âme et esprit, jointures et moelles; elle juge les sentiments et les pensées du cœur. » Hébreux 4.12

« En effet, vous êtes nés de nouveau, non pas d'une semence corruptible, mais d'une semence incorruptible, grâce à la parole vivante et permanente de Dieu. » 1 Pierre 1.23

Les arbres sont des pompes à eau vivantes. Ils peuvent pomper jusqu'à 1200 litres d'eau à travers leurs feuilles par jour. L'eau est sous la forme de vapeur d'eau, douce et rafraîchissante, pas un tuyau de pompier qui peut renverser avec la puissance du jet. En méditant et en remplissant votre vie de la Parole de Dieu, vous allez aussi faire l'expérience douce et rafraîchissante de l'Esprit-Saint dans votre vie, et les autres le ressentiront aussi.

Donne du fruit en sa saison

Nous voulons tous produire du fruit pour Jésus. Le texte ici nous dit que si nous méditons la Parole de Dieu, nous allons naturellement produire du fruit. Remarquez bien que le fruit est pour les autres, pas pour l'arbre lui-même. Un arbre ne mange pas son propre fruit. Nous pourrons donc donner aux autres mais sans nous épuiser. Nous apprenons que tout ce que nous recevons du Seigneur est encore en abondance auprès de Lui.

Son feuillage ne se flétrit pas

Les arbres reçoivent leur énergie directement des cieux. Leurs feuilles transforment la lumière du soleil en amidon qui leur sert de nourriture. La lumière du soleil ne manque pas. Et les feuilles ne se flétriront pas. Cet arbre est un arbre à feuilles persistantes. Nous pourrons toujours recevoir tout ce dont nous avons besoin de la part du Seigneur.

Tout ce qu'il fait lui réussit

Ici le psalmiste arrête de parler des arbres. Il dit que tout ce que fait quelqu'un qui médite sera une réussite. Est-ce trop promettre?

Quelqu'un qui médite aura du succès parce qu'il médite la volonté de Dieu. L'objet de notre méditation est ce que nous faisons. C'est ce que Dieu a ordonné à Josué:

> « Fortifie-toi et prends courage, car c'est toi qui mettras ce peuple en possession du pays que j'ai juré à leurs ancêtres de leur donner. Seulement, fortifie-toi et aie bon courage en te conformant fidèlement à toute la Loi que Moïse, mon serviteur, t'a prescrite. Ne t'en écarte ni à droite ni à gauche afin de réussir où que tu ailles. Que ce livre de la Loi ne s'éloigne pas de toi! Médite-le jour et nuit pour agir avec fidélité conformément à tout ce qui y est écrit,

car c'est alors que tu auras du succès dans tes entreprises, c'est alors que tu réussiras. » Josué 1.6-8

Dieu promet à Josué de faire quelque chose que même Moïse n'avait pas réussi à faire: faire entrer Israël en Terre Promise.

Dieu donne à Josué le moyen d'y arriver: en observant la Loi de Moïse.

Pour observer la Loi de Moïse, Josué devait méditer cette Loi jour et nuit. Alors il agirait selon la Loi, et il aurait du succès.

Donc la manière biblique de vivre est de méditer la volonté de Dieu. Nous faisons alors sa volonté, et nous avons donc le succès dans tout ce que nous entreprenons, parce que nous croyons que Dieu va accomplir Sa volonté. Si nous n'obéissons pas à Dieu, c'est que nous ne méditons pas Sa Parole. Nous devons alors corriger notre comportement.

Dieu a un grand intérêt à mettre en place Sa volonté. En faisant ce qu'Il veut, Il va travailler à travers nous.

Ceci est la vraie parole de foi, la vraie manière dont Dieu nous donne le succès: en méditant Sa Parole, nous vivons en accord avec Elle.

Mise en garde sur l'absence de méditation
Le psalmiste continue en décrivant ce qui arrive quand un homme ne médite pas la Parole de Dieu.

Les méchants sont comme la paille
La paille est la partie extérieure d'un grain de blé. Elle doit être enlevée pour pouvoir moudre le grain et obtenir de la farine. La paille ne peut pas être mangée, elle ne sert à rien. Elle est plus légère que le grain et est donc facilement emportée par le vent. La paille était vivante mais elle meurt et est facilement brûlée.

Les personnes qui ne reçoivent pas la vie de Dieu sont vivants à l'extérieur pour le moment, mais ils n'ont pas de vie intérieure. Quand le vent du jugement viendra, ils seront vraiment séparés de Dieu pour toujours.

Ni les méchants, ni les pécheurs ne résisteront

Nous comprenons la première partie: bien sûr que les méchants ne vont pas résister face au jugement à venir. Mais les méchants ne peuvent pas résister dans l'assemblée des justes aujourd'hui non plus. C'est le cas car les justes sont ceux qui reçoivent la vie de Dieu et ils le reçoivent en étant dans Sa Parole. Ils sont capables de donner car ils portent du fruit en leur saison. Tous les membres de l'église sont capables de donner les uns aux autres dans l'amour. Le corps de Christ se sert mutuellement et édifie ses membres. Si quelqu'un qui ne croit pas entre dans l'église il y aura une grande différence. Il ne sera pas capable de donner. Il n'est pas connecté à Dieu. Les non-croyants prennent donc la vie, ils ne donnent pas de vie. Comme il est dit dans 1 Jean 3.14-16:

> « Quant à nous, nous savons que nous sommes passés de la mort à la vie parce que nous aimons les frères et sœurs. Celui qui n'aime pas [son frère] reste dans la mort. Tout homme qui déteste son frère est un meurtrier, et vous savez qu'aucun meurtrier n'a la vie éternelle en lui. Voici comment nous avons connu l'amour: Christ a donné sa vie pour nous; nous aussi, nous devons donner notre vie pour les frères et sœurs. »

Un meurtrier est quelqu'un qui prend la vie. Il peut la prendre rapidement, avec un couteau ou un pistolet. Mais un meurtrier peut aussi prendre la vie lentement, un petit peu à la fois, juste en exigeant ce qu'il veut. Il faut plus de temps pour tuer de cette manière, mais ça finit quand même par tuer.

Quelqu'un qui prend sera vite remarqué dans une église de personnes qui donnent. Après un moment, l'église va remarquer que ce soi-disant frère emprunte de l'argent, essaie de draguer les sœurs, provoque des disputes. Il n'agit tout simplement pas comme quelqu'un qui est né de nouveau. Le temps va exposer l'évidence. Une personne peut parler comme un chrétien et dire toutes les choses correctes, mais c'est difficile de faire semblant de vivre comme un chrétien parce qu'un chrétien peut donner sa vie pour ses frères et soeurs, alors qu'un non-croyant ne le peut pas. Il ne sait que prendre la vie, de manière rapide ou lente. Soit il viendra à la repentance et il croira en Jésus, soit il devra quitter l'église.

Une église en bonne santé devrait pouvoir discerner les loups et ceux qui font semblant de croire, et les empêcher de rester dans l'église en toute tranquillité. Ananias et Saphira ne doivent pas vivre sans attirer l'attention sur eux dans nos églises.

Un appel à choisir

La fin du Psaume 1 montre un contraste. La manière dont les impies vont périr. C'est une voie sans issue, morte. Dieu ne va pas laisser ceux qui le renient continuer indéfiniment pendant qu'Il les garde en vie. Tout le monde a le droit de faire ce qu'il veut pendant un moment. Mais après un moment Dieu va mettre fin à la manière de vivre des impies.

Le Seigneur connaît le chemin des justes. C'est une connaissance qui va au-delà du simple fait de savoir ce qu'ils font et où ils vont. Dieu est intimement impliqué dans la vie de Son peuple. Ils sont sur Son chemin et Il comprend leurs pas, même quand eux ne comprennent pas. Il est présent depuis le commencement, et Il va les diriger en sécurité jusqu'à la fin.

Ici, nous avons la vie et la mort. La vie, c'est de vivre avec Dieu et de Le connaître. Jésus a dit « Or, la vie éternelle, c'est qu'ils te connaissent, toi, le seul vrai Dieu, et celui que tu as envoyé, Jésus-Christ. » (Jean 17.3).

La mort, c'est de vivre séparé de Dieu. La fin ne peut être qu'une perte complète, comme Jésus l'a dit dans Marc 8.36 :

> « Et que servira-t-il à un homme de gagner le monde entier, s'il perd son âme? ».

Quel est votre choix? Que voulez-vous être, de l'herbe ou un arbre? Si vous voulez être de l'herbe, vous n'avez rien à faire. Si vous voulez être un arbre, alors vous devez faire quelque chose: rejeter le conseil des méchants et méditer la Parole de Dieu jour et nuit.

Tout le reste est la conséquence de cette décision.

Comment méditer la Parole de Dieu

Quand nous lisons, nous voyons de grandes parties des Écritures, et nous ne devons pas nous inquiéter de tout comprendre. Quand nous méditons, il faut prendre un petit passage des Écritures et se concentrer dessus pour le comprendre. C'est ça la méditation.

Choisissez un livre

La première étape de la méditation consiste à choisir un livre de la Bible dans lequel méditer. La mauvaise nouvelle est que la Bible est si grande que vous n'aurez sans doute pas le temps de méditer sur toute la Bible. La bonne nouvelle est que vous pouvez méditer sur une partie de la Bible. Alors cherchez une partie sur laquelle vous concentrer dans la méditation et faites-le. Commencez avec le premier verset, et méditez à travers le livre jusqu'à la fin. Quand vous terminez ce livre, choisissez en un autre. Priez et demandez à Dieu quel livre Il veut que vous choisissiez. Prenez la première chose qu'Il vous montre et faites-le. J'ai commencé dans les Proverbes. J'ai pensé que ça prendrait une éternité à faire un verset à la fois. Au final, ça n'a pris que dix ans, mais c'est parce que j'ai souvent laissé tomber. Chaque fois que j'ai recommencé à méditer, je reprenais là où je m'étais arrêté. J'ai appris à ne pas laisser tomber et à continuer même quand ça avançait très lentement. J'ai aussi appris à étudier, parce que je devais apprendre ce que chaque proverbe signifiait avant de pouvoir méditer dessus. J'ai donc appris à étudier et à chercher le sens des mots. Avec la pratique, ça devenait plus facile. J'apprenais! Je me suis rendu compte que j'apprenais à étudier et à enseigner la Bible. C'est comme si Dieu m'enseignait. J'étais dans Son école. Priez donc, demandez à Dieu où Il veut que vous méditiez et choisissez un livre de la Bible.

Prenez le temps

La deuxième étape est de prendre le temps de le faire. Certains aiment le faire le matin, d'autres dans l'après-midi et certains le soir. Trouvez ce qui marche le mieux pour vous. Ça aide si votre environnement est calme et sans distractions.

Dieu dit jour et nuit, ce qui veut dire tout le temps. Notre but est d'être constant. De la même manière que nous mangeons pour nos corps, nous voulons manger pour nos âmes.

Priez, lisez le contexte, cherchez le sens des mots et prenez des notes

La troisième étape est de prier et de demander à Dieu de bénir votre temps de méditation et de vous enseigner.

Commencez alors à réfléchir au verset sur lequel vous êtes concentrés. Posez des questions comme quand vous étudiez. Je passe du temps à le relire plusieurs fois. Je lis le paragraphe pour ne pas perdre de vue le contexte. Si d'autres questions me viennent à l'esprit, j'essaie d'y répondre. Je réfléchis à d'autres passages dans la Bible s'ils me viennent à l'esprit.

J'écris sur papier parce que ça m'aide à réfléchir. Dans « Leçons à Mes Étudiants », Charles Spurgeon cite M. Bautain : « Maintenant l'analyse d'une idée, qui expose l'idée, pour ainsi dire, devant les yeux de la pensée, ne peut être bien conçue qu'en étant écrite. Le stylo est le scalpel qui dissèque les pensées. » J'ai appris qu'en écrivant mes pensées, même si je n'ai qu'une bribe d'idée, la suite me vient en écrivant.

Méditez jusqu'à avoir une réponse de Dieu

Je reste concentré sur un verset aussi longtemps qu'il le faut pour le comprendre. C'est parfois frustrant de passer beaucoup de temps sur un verset, mais si je suis patient, je peux apprendre beaucoup. Je me souviens avoir médité l'idée de « bon ». J'ai cherché le mot dans le dictionnaire mais ça n'a pas aidé parce que c'était une définition peu convaincante et terne. J'ai pensé « Le dictionnaire me laisse vraiment tomber. Stupide dictionnaire! » Ensuite, j'ai demandé à Dieu « Que veut dire "bon"? ». Mais il ne me restait plus de temps alors j'ai mis de côté cette réflexion pour faire mes autres tâches. Le lendemain, j'ai redemandé à Dieu « Apprends-moi ce que "bon" veut dire. » J'ai pensé à chercher le premier endroit où ce mot est utilisé dans la Bible. J'ai été si étonné! Il est utilisé sept fois dans le tout premier chapitre de la Genèse. Tout ce que Dieu a créé était bon. J'ai alors pensé comment Dieu est bon et que tout ce qu'Il a créé avait cette bonté incorporé. J'ai alors vu la bonté de Dieu dans le ciel, dans les arbres, dans l'air que je respire, partout où je regardais. J'ai commencé à remercier Dieu et à Le louer parce qu'Il est bon et Il nous donne cette bonté. Je l'ai écrit pour ne pas oublier. Quand j'y pense maintenant, j'ai à nouveau envie de remercier Dieu encore et encore car Il est bon. Je suis content d'avoir pu grandir un petit peu grâce à cette méditation.

Je sais que j'ai médité un verset quand j'obtiens une réponse de la part de Dieu. Parfois quand je comprends le sens d'un verset, je réponds à Dieu avec des louanges, des remerciements et de l'adoration. Je grandis dans ma louange et ma capacité à me réjouir en Dieu.

Parfois je réalise que je ne fais pas ce qu'un verset dit de faire, ou que je désobéis à Dieu. Je confesse alors mon péché à Dieu et je Lui demande de me purifier par le sang de Jésus. Ça renforce ma relation avec Dieu. Ça me rend plus humble. Et j'apprends à détester davantage le péché et à davantage faire confiance à Jésus.

Parfois quelqu'un me vient à l'esprit qui a besoin de ce sur quoi je viens de méditer. Je prie alors Dieu de bénir cette personne de cette manière. J'intercède alors dans la prière pour les autres.

Dans chaque cas, je réponds à Dieu dans la prière. Je mets en pratique ma relation avec Dieu et je grandis en foi et en compréhension. Je suis en train d'être transformé dans mon intelligence parce que je ne pense pas à ma manière mais comme Dieu le fait. La prière devient très naturelle car elle vient comme un résultat.

Faites-le chaque jour

Le Psaume 1 nous dit de prendre du temps chaque jour pour méditer. Commencez avec un petit temps chaque jour et augmentez-en la durée comme vous le pouvez par la suite. Le faire tous les jours exerce notre discipline. Nous apprenons à dire « non » aux distractions et à nous concentrer en disant « oui » à Dieu.

Quand vous commencez à le faire, attendez-vous à ce que le Diable vous envoie plein de distractions. Vous verrez peut-être même plein de choses aller de travers. C'est une indication que vous êtes sur le bon chemin. Quand je me rappelle toutes les choses que je dois faire tout de suite, je les écris simplement pour ne pas les oublier. Puis je remercie le Diable de me les avoir rappelées et je continue à méditer.

En persévérant ainsi, nous aurons une bonne récolte. Nous plantons la bonne semence de la Parole de Dieu en nous. Nous pouvons alors nous attendre à une récolte de justice trente, soixante, et même cent fois plus grande que ce que nous avons semé ! Si nous plantons le mal en nous-mêmes, nous pouvons nous attendre à trente, soixante, et cent fois plus de jugement en récolte. Et si ce que nous plantons n'est ni bon ni mauvais pour nous, juste « médiocre », alors nous aurons une récolte de trente, soixante, ou cent fois plus de « médiocrité » dans nos vies. Je ne peux pas me permettre d'avoir une vie pleine de rien !

Nous sommes toujours en train de semer quelque chose dans nos vies. Il n'y a jamais de moment où ne sommes pas en train de mettre quelque chose dans nos têtes. Il faut donc faire très attention à ce que nous y plantons. Nous semons en pensant à ce que nous récolterons dans le futur.

Apprenez à d'autres comment faire

Je pense que vous trouverez la méditation bénéfique. Pour moi, je ne pourrais pas vivre sans. Si c'est le cas pour vous, apprenez comment faire à d'autres. Quand les hommes se remplissent de la Parole de Dieu, il n'y a plus de limite à ce que Dieu peut faire à travers eux. L'homme peut compter les graines dans un fruit. Mais Dieu est le seul qui peut compter le nombre de fruits dans une graine.

Attendez-vous à ce que Dieu bénisse votre semence et votre récolte, au nom de Jésus.

10. En Résumé

Quand j'ai commencé à enseigner la Bible, j'ai vraiment eu besoin d'aide pour apprendre à enseigner. Je ne suis jamais allé dans une école biblique ou un séminaire. J'ai écouté mon pasteur enseigner pendant des années. Puis, je me suis retrouvé à la place de pasteur et je devais enseigner la Bible. J'avais le don d'enseignement par le Saint-Esprit et j'appréciais vraiment. Mais j'ai vite appris que ça demandait beaucoup de travail. Ça exigeait beaucoup plus de moi que ce que je pensais. Il me fallait grandir dans ma capacité à étudier et à observer. J'avais besoin de grandir en tant que personne. Il me fallait une méthode et une manière d'aborder les Écritures afin de nourrir mes auditeurs semaine après semaine, mais je n'en avais pas.

La première personne qui m'a aidé a été Anne Graham Lotz dans son livre sur l'évangélisation. Voici ce qu'elle a dit:

« Gardez en tête trois questions que vous vous poserez lorsque vous lirez les Écritures.

Premièrement, "Qu'est que le passage dit? Quel est le contenu du passage?" À cette étape de votre étude, soyez aussi littéral que possible. Faites un simple résumé des faits dans le passage, ne spiritualisez pas, n'abordez pas les mises en pratique personnelles, résumez simplement les faits. Limitez votre résumé à une seule phrase. Ça vous oblige à être bref, spécifique et basé sur les faits. Pensez au sujet du passage, ce que les personnes disent, ce qu'ils font, où ils vont, ce qu'il se passe. Incluez cela dans votre phrase qui décrit le contenu du passage.

Deuxièmement, il faut vous demander "Qu'est ce qu'un chrétien doit retenir de ce passage? Quelle est la leçon spirituelle qu'il faut apprendre?" Pour trouver cette leçon, vous pouvez vous demander "Que font les protagonistes dans ce passage? Qu'est-ce qu'ils ne font pas et qu'ils devraient faire? Ou qu'est-ce qu'ils font qu'ils ne devraient pas faire?" Mettez-vous à leur place et essayez d'en tirer la leçon spirituelle.

Nous arrivons alors aux mises en pratique. Pour des chrétiens qui ont l'habitude d'être nourris à la petite cuillère, ça peut être difficile. Ils ont l'habitude d'étudier les Écritures comme quelque chose de précieux et saint, mais sans en retirer quelque chose pour leurs vies. Prenez la leçon spirituelle du passage et mettez-la sous forme de question, puis posez-vous la question. Demandez à Dieu ce qu'Il veut que vous fassiez en réponse à ce passage.

Est-ce qu'il y a un exemple que je dois suivre? Est-ce qu'il y a un péché à éviter? Est-ce qu'il y a une promesse à revendiquer? Est-ce qu'il y a un commandement auquel obéir? Est-ce qu'il y a une condition à satisfaire? Un verset à mémoriser? Une erreur à remarquer et éviter? Un défi à relever?

Mettez-vous à la place des personnes dans le passage et bouclez l'affaire. »[1]

La Bible contient déjà le message que toute personne a besoin d'entendre. Tout ce que nous avons à faire est d'en

---

1 [The Work of an Evangelist, (Minneapolis: World Wide Publications, 1984), p. 272-273]

tirer le message correctement puis de le transmettre correctement. Que le Seigneur de la moisson envoie plus d'ouvriers dans Sa moisson.

« Toi donc, mon enfant, fortifie-toi dans la grâce qui est en Jésus-Christ. Ce que tu as entendu de moi en présence de nombreux témoins, confie-le à des personnes fidèles qui soient capables de l'enseigner aussi à d'autres. » 2 Timothée 2.1-2

Prière

Merci, Père Céleste, que nous sommes à Toi, que Tu nous appelles, Tu nous équipes, Tu nous envoies. Aide-nous à vivre avec Toi, à grandir en Toi, à mieux Te connaître. Remplis-nous de Ton Saint-Esprit. Rends-nous forts et capables par Ta grâce. Aide-nous à enseigner aux autres. Nous nous confions en Toi.

Au nom de Jésus nous prions. Amen.

À propos de l'auteur

Rob Dingman est venu à Jésus lentement mais sûrement en 1974. Il a appris les rudiments du ministère en jouant dans un groupe de rock chrétien. Lui et sa femme, Joanie, ont passé un an au Japon avec un autre groupe de rock chrétien, le « Robert Case Band », puis ils ont déménagé en Allemagne pour aider à l'implantation de Calvary Chapel Siegen en 1990. Ils vivent au Royaume-Uni depuis 1997 et travaillent à l'implantation d'églises en enseignant comment étudier et méditer la Bible.

Ils ont deux filles, Holly et Katie.

Rob est disponible pour des séminaires ou des conférences. Il met les vidéos de ses enseignements en ligne sur Vimeo et YouTube.

Vous pouvez le contacter à calvarychapeltwickenham.com.

www.ingramcontent.com/pod-product-compliance
Lightning Source LLC
Chambersburg PA
CBHW020553030426

42337CB00013B/1084